DAY　년　월　일　나는 100일간 :

일일 기록 → 코치 → 해결

줄	계 획	실 천	체크리스트 목록	
시			0.	
시			1.	
시			2.	
시			3.	
시			4.	
시			5.	
시			6.	
시			7.	
시			8.	
시			9.	
시			10.	
시			11.	
시			12.	
시			13.	

주간 월간 기록 → 코치 → 해결

체크	일	월	화	수	목	금	토
	/	/	/	/	/	/	/
	/	/	/	/	/	/	/
	/	/	/	/	/	/	/
	/	/	/	/	/	/	/
	/	/	/	/	/	/	/

연간 기록 → 코치 → 해결

기	년 1월	년 2월	년 3월	년 4월	년 5월	년 6월	반기 피드백
기	년 7월	년 8월	년 9월	년 10월	년 11월	년 12월	반기 피드백

100일노트. 100일은 그 어떤 습관이든 만들 수 있는 충분한 시간이다.

2DAY 년 월 일 나는 100일간 :

일일 기록 → 코치 → 해결

스케줄	계 획	실 천	체크리스트 목록	IDEA 일간/월간/연간 배분!
시			0.	
시			1.	
시			2.	
시			3.	
시			4.	
시			5.	
시			6.	
시			7.	
시			8.	
시			9.	
시			10.	
시			11.	
시			12.	
시			13.	

주간 월간 기록 → 코치 → 해결

주간체크	일	월	화	수	목	금	토
	/	/	/	/	/	/	/
	/	/	/	/	/	/	/
	/	/	/	/	/	/	/
	/	/	/	/	/	/	/
	/	/	/	/	/	/	/

연간 기록 → 코치 → 해결

전반기	년 1월	년 2월	년 3월	년 4월	년 5월	년 6월	반기 피드
후반기	년 7월	년 8월	년 9월	년 10월	년 11월	년 12월	반기 피드

2일차. 나만의 일/주/월/연간 계획을 간절한 손글씨로 100일간 적어야 꿈이 이루어진다.

DAY 년 월 일 나는 100일간 :

일일 기록 → 코치 → 해결

줄	계 획	실 천	체크리스트 목록	IDEA 일간/월간/연간 배분!
시			0.	
시			1.	
시			2.	
시			3.	
시			4.	
시			5.	
시			6.	
시			7.	
시			8.	
시			9.	
시			10.	
시			11.	
시			12.	
시			13.	

주간 월간 기록 → 코치 → 해결

크	일	월	화	수	목	금	토
	/	/	/	/	/	/	/
	/	/	/	/	/	/	/
	/	/	/	/	/	/	/
	/	/	/	/	/	/	/
	/	/	/	/	/	/	/

연간 기록 → 코치 → 해결

기	년 1월	년 2월	년 3월	년 4월	년 5월	년 6월	반기 피드백
기	년 7월	년 8월	년 9월	년 10월	년 11월	년 12월	반기 피드백

100일간의 목표를 측정 가능한 구체적 숫자로 적어야 100일 후 피드백이 가능하다.

4DAY

년 월 일 나는 100일간 :

일일 기록 → 코치 → 해결				
스케줄	계 획	실 천	체크리스트 목록	IDEA 일간/월간/연간 배분!
시			0.	
시			1.	
시			2.	
시			3.	
시			4.	
시			5.	
시			6.	
시			7.	
시			8.	
시			9.	
시			10.	
시			11.	
시			12.	
시			13.	

주간 월간 기록 → 코치 → 해결							
주간 체크	일	월	화	수	목	금	토
	/	/	/	/	/	/	/
	/	/	/	/	/	/	/
	/	/	/	/	/	/	/
	/	/	/	/	/	/	/
	/	/	/	/	/	/	/

연간 기록 → 코치 → 해결							
전반기	년 1월	년 2월	년 3월	년 4월	년 5월	년 6월	반기 피
후반기	년 7월	년 8월	년 9월	년 10월	년 11월	년 12월	반기 피

4일차. 그 숫자는 등수든, 점수든, 매출이든, 시급이든, 연봉이든 그 어떤 것도 좋다.

DAY 년 월 일 나는 100일간 :

일일 기록 → 코치 → 해결

[illegible]줄	계 획	실 천	체크리스트 목록	IDEA 일간/월간/연간 배분!
시			0.	
시			1.	
시			2.	
시			3.	
시			4.	
시			5.	
시			6.	
시			7.	
시			8.	
시			9.	
시			10.	
시			11.	
시			12.	
시			13.	

주간 월간 기록 → 코치 → 해결

체크	일	월	화	수	목	금	토
	/	/	/	/	/	/	/
	/	/	/	/	/	/	/
	/	/	/	/	/	/	/
	/	/	/	/	/	/	/
	/	/	/	/	/	/	/

연간 기록 → 코치 → 해결

기	년 1월	년 2월	년 3월	년 4월	년 5월	년 6월	반기 피드백
기	년 7월	년 8월	년 9월	년 10월	년 11월	년 12월	반기 피드백

[illegible]다. 옷은 날개다. 그 사람의 마음가짐이자 됨됨이이며, 날아 갈 수 있는 도구이다.

6DAY

년 월 일 나는 100일간 :

일일 기록 → 코치 → 해결

스케줄	계 획	실 천	체크리스트 목록	IDEA 일간/월간/연간 배분!
시			0.	
시			1.	
시			2.	
시			3.	
시			4.	
시			5.	
시			6.	
시			7.	
시			8.	
시			9.	
시			10.	
시			11.	
시			12.	
시			13.	

주간 월간 기록 → 코치 → 해결

주간체크	일	월	화	수	목	금	토
	/	/	/	/	/	/	/
	/	/	/	/	/	/	/
	/	/	/	/	/	/	/
	/	/	/	/	/	/	/
	/	/	/	/	/	/	/

연간 기록 → 코치 → 해결

전반기	년 1월	년 2월	년 3월	년 4월	년 5월	년 6월	반기 피드
후반기	년 7월	년 8월	년 9월	년 10월	년 11월	년 12월	반기 피드

6일차. 상대의 눈을보고 인사하고 고개를 끄덕이며 경청하면 마음을 사로 잡을 수 있다.

DAY 년 월 일 나는 100일간 :

일일 기록 → 코치 → 해결

케줄	계 획	실 천	체크리스트 목록	IDEA 일간/월간/연간 배분!
시			0.	
시			1.	
시			2.	
시			3.	
시			4.	
시			5.	
시			6.	
시			7.	
시			8.	
시			9.	
시			10.	
시			11.	
시			12.	
시			13.	

주간 월간 기록 → 코치 → 해결

체크	일	월	화	수	목	금	토
	/	/	/	/	/	/	/
	/	/	/	/	/	/	/
	/	/	/	/	/	/	/
	/	/	/	/	/	/	/
	/	/	/	/	/	/	/

연간 기록 → 코치 → 해결

기	년 1월	년 2월	년 3월	년 4월	년 5월	년 6월	반기 피드백
기	년 7월	년 8월	년 9월	년 10월	년 11월	년 12월	반기 피드백

차. 나쁜 기운은 없애고 좋은 기운으로 매일 15분간 집중 청소하는 방법을 익힌다.

8DAY

년 월 일 나는 100일간 :

일일 기록 → 코치 → 해결				
스케줄	계 획	실 천	체크리스트 목록	IDEA 일간/월간/연간 배분!
시			0.	
시			1.	
시			2.	
시			3.	
시			4.	
시			5.	
시			6.	
시			7.	
시			8.	
시			9.	
시			10.	
시			11.	
시			12.	
시			13.	

주간 월간 기록 → 코치 → 해결							
주간체크	일	월	화	수	목	금	토
	/	/	/	/	/	/	/
	/	/	/	/	/	/	/
	/	/	/	/	/	/	/
	/	/	/	/	/	/	/
	/	/	/	/	/	/	/

연간 기록 → 코치 → 해결							
전반기	년 1월	년 2월	년 3월	년 4월	년 5월	년 6월	반기 피드
후반기	년 7월	년 8월	년 9월	년 10월	년 11월	년 12월	반기 피드

8일차. 미팅, 보고, 회식, 회의는 팀워의 지표이자, 교육의 가장 빠른 방법이다.

DAY 년 월 일 나는 100일간 :

일일 기록 → 코치 → 해결

케줄	계 획	실 천	체크리스트 목록	IDEA 일간/월간/연간 배분!
시			0.	
시			1.	
시			2.	
시			3.	
시			4.	
시			5.	
시			6.	
시			7.	
시			8.	
시			9.	
시			10.	
시			11.	
시			12.	
시			13.	

주간 월간 기록 → 코치 → 해결

체크	일	월	화	수	목	금	토
	/	/	/	/	/	/	/
	/	/	/	/	/	/	/
	/	/	/	/	/	/	/
	/	/	/	/	/	/	/
	/	/	/	/	/	/	/

연간 기록 → 코치 → 해결

반기	년 1월	년 2월	년 3월	년 4월	년 5월	년 6월	반기 피드백
반기	년 7월	년 8월	년 9월	년 10월	년 11월	년 12월	반기 피드백

차. 내가 할 수 있는 방법으로 자신이나 자신의 상품을 하루 1시간 알려야 한다.

10DAY

년 월 일 나는 100일간 :

일일 기록 → 코치 → 해결

스케줄	계 획	실 천	체크리스트 목록	IDEA 일간/월간/연간 배분!
시			0.	
시			1.	
시			2.	
시			3.	
시			4.	
시			5.	
시			6.	
시			7.	
시			8.	
시			9.	
시			10.	
시			11.	
시			12.	
시			13.	

주간 월간 기록 → 코치 → 해결

주간체크	일	월	화	수	목	금	토
	/	/	/	/	/	/	/
	/	/	/	/	/	/	/
	/	/	/	/	/	/	/
	/	/	/	/	/	/	/
	/	/	/	/	/	/	/

연간 기록 → 코치 → 해결

전반기	년 1월	년 2월	년 3월、	년 4월	년 5월	년 6월	반기 피드백
후반기	년 7월	년 8월	년 9월	년 10월	년 11월	년 12월	반기 피드백

10일차. 몰입을 위해서는 잡담. 휴대폰. TV 등 방해 받는 무엇이든 없앤 후 일과 자기계발에 집중한다.

꿈을 향한 몰입과 열정.

오로지 시간으로 대가를 받는다는 것.

이는 자본주의 사회의 모순이 아닐까?

시간당 임금인 시급은

나의 꿈과 열정을 위해서는

잠시 잊어야 하는 존재이기 때문이야

시간을 돈으로 주고받기 전에.

하루하루의 인생을.

나만의 소중한 시간을.

먼저 기록하고 코치 받고 함께 해결해봐.

그러면 돈은 자연스레 따라 오는 것임을.

100일 뒤 돌아보면 무한하게 성장한 나를 발견 할 거야.

- 이 상 민 -

11DAY 년 월 일 나는 100일간 :

일일 기록 → 코치 → 해결

스케줄	계 획	실 천	체크리스트 목록	IDEA 일간/월간/연간 배분!
시			0.	
시			1.	
시			2.	
시			3.	
시			4.	
시			5.	
시			6.	
시			7.	
시			8.	
시			9.	
시			10.	
시			11.	
시			12.	
시			13.	

주간 월간 기록 → 코치 → 해결

주간 체크	일	월	화	수	목	금	토
	/	/	/	/	/	/	/
	/	/	/	/	/	/	/
	/	/	/	/	/	/	/
	/	/	/	/	/	/	/
	/	/	/	/	/	/	/

연간 기록 → 코치 → 해결

전반기	년 1월	년 2월	년 3월	년 4월	년 5월	년 6월	반기 피드
후반기	년 7월	년 8월	년 9월	년 10월	년 11월	년 12월	반기 피드

11일차. 최대매출, 최소지출, 최소시간의 성과원칙으로 공동이익을 위해 매일 기록하는 것이 마감이다.

2DAY

년 월 일 나는 100일간 :

일일 기록 → 코치 → 해결

줄	계 획	실 천	체크리스트 목록	IDEA 일간/월간/연간 배분!
시			0.	
시			1.	
시			2.	
시			3.	
시			4.	
시			5.	
시			6.	
시			7.	
시			8.	
시			9.	
시			10.	
시			11.	
시			12.	
시			13.	

주간 월간 기록 → 코치 → 해결

체크	일	월	화	수	목	금	토
	/	/	/	/	/	/	/
	/	/	/	/	/	/	/
	/	/	/	/	/	/	/
	/	/	/	/	/	/	/
	/	/	/	/	/	/	/

연간 기록 → 코치 → 해결

기	년 1월	년 2월	년 3월	년 4월	년 5월	년 6월	**반기 피드백**
기	년 7월	년 8월	년 9월	년 10월	년 11월	년 12월	**반기 피드백**

차. 기존의 팀 방식을 원점으로 섞고 2명~5명 단위의 TFT으로 재구성하라.

13DAY

년 월 일 나는 100일간 :

일일 기록 → 코치 → 해결

스케줄	계 획	실 천	체크리스트 목록	IDEA 일간/월간/연간 배분!
시			0.	
시			1.	
시			2.	
시			3.	
시			4.	
시			5.	
시			6.	
시			7.	
시			8.	
시			9.	
시			10.	
시			11.	
시			12.	
시			13.	

주간 월간 기록 → 코치 → 해결

주간체크	일	월	화	수	목	금	토
	/	/	/	/	/	/	/
	/	/	/	/	/	/	/
	/	/	/	/	/	/	/
	/	/	/	/	/	/	/
	/	/	/	/	/	/	/

연간 기록 → 코치 → 해결

전반기	년 1월	년 2월	년 3월	년 4월	년 5월	년 6월	반기 피드
후반기	년 7월	년 8월	년 9월	년 10월	년 11월	년 12월	반기 피드

13일차. 구체적 유형의 고객을 선택하고 BICI 디자인 기준을 하나로 통일하라.

4DAY 년 월 일 나는 100일간 :

일일 기록 → 코치 → 해결

줄	계 획	실 천	체크리스트 목록	IDEA 일간/월간/연간 배분!
시			0.	
시			1.	
시			2.	
시			3.	
시			4.	
시			5.	
시			6.	
시			7.	
시			8.	
시			9.	
시			10.	
시			11.	
시			12.	
시			13.	

주간 월간 기록 → 코치 → 해결

체크	일	월	화	수	목	금	토
	/	/	/	/	/	/	/
	/	/	/	/	/	/	/
	/	/	/	/	/	/	/
	/	/	/	/	/	/	/
	/	/	/	/	/	/	/

연간 기록 → 코치 → 해결

기	년 1월	년 2월	년 3월	년 4월	년 5월	년 6월	반기 피드백
기	년 7월	년 8월	년 9월	년 10월	년 11월	년 12월	반기 피드백

차. 선택된 고객 1명에게 무료로 줄 수 있는 파격적인 1가지를 선정할 것.

15DAY

년 월 일 나는 100일간 :

일일 기록 → 코치 → 해결				
스케줄	계 획	실 천	체크리스트 목록	IDEA 일간/월간/연간 배분!
시			0.	
시			1.	
시			2.	
시			3.	
시			4.	
시			5.	
시			6.	
시			7.	
시			8.	
시			9.	
시			10.	
시			11.	
시			12.	
시			13.	

주간 월간 기록 → 코치 → 해결							
주간체크	일	월	화	수	목	금	토
	/	/	/	/	/	/	/
	/	/	/	/	/	/	/
	/	/	/	/	/	/	/
	/	/	/	/	/	/	/
	/	/	/	/	/	/	/

연간 기록 → 코치 → 해결							
전반기	년 1월	년 2월	년 3월	년 4월	년 5월	년 6월	반기 피드
후반기	년 7월	년 8월	년 9월	년 10월	년 11월	년 12월	반기 피드

15일차. 계약을 위한 플로어를 1가지 플랫폼으로 통일 구축 하는 것이 핵심기술이다.

DAY 년 월 일 나는 100일간 :

일일 기록 → 코치 → 해결

계 획	실 천	체크리스트 목록	IDEA 일간/월간/연간 배분!
		0.	
		1.	
		2.	
		3.	
		4.	
		5.	
		6.	
		7.	
		8.	
		9.	
		10.	
		11.	
		12.	
		13.	

주간 월간 기록 → 코치 → 해결

일	월	화	수	목	금	토
/	/	/	/	/	/	/
/	/	/	/	/	/	/
/	/	/	/	/	/	/
/	/	/	/	/	/	/
/	/	/	/	/	/	/

연간 기록 → 코치 → 해결

년 1월	년 2월	년 3월	년 4월	년 5월	년 6월	반기 피드백
년 7월	년 8월	년 9월	년 10월	년 11월	년 12월	반기 피드백

ㅏ. 계약 실천을 위한 초기 오픈 체크리스트를 만들어 실천하라.

17DAY

년 월 일 나는 100일간 :

일일 기록 → 코치 → 해결

스케줄	계 획	실 천	체크리스트 목록	IDEA 일간/월간/연간 배분!
시			0.	
시			1.	
시			2.	
시			3.	
시			4.	
시			5.	
시			6.	
시			7.	
시			8.	
시			9.	
시			10.	
시			11.	
시			12.	
시			13.	

주간 월간 기록 → 코치 → 해결

주간체크	일	월	화	수	목	금	토
	/	/	/	/	/	/	/
	/	/	/	/	/	/	/
	/	/	/	/	/	/	/
	/	/	/	/	/	/	/
	/	/	/	/	/	/	/

연간 기록 → 코치 → 해결

전반기	년 1월	년 2월	년 3월	년 4월	년 5월	년 6월	반기 피
후반기	년 7월	년 8월	년 9월	년 10월	년 11월	년 12월	반기 피

17일차. 계약 운영을 위한 QSC운영 / 클레임 해결 체크리스트를 만들어 실천하라.

DAY 년 월 일 나는 100일간 :

일일 기록 → 코치 → 해결

계 획	실 천	체크리스트 목록	IDEA 일간/월간/연간 배분!
		0.	
		1.	
		2.	
		3.	
		4.	
		5.	
		6.	
		7.	
		8.	
		9.	
		10.	
		11.	
		12.	
		13.	

주간 월간 기록 → 코치 → 해결

일	월	화	수	목	금	토
/	/	/	/	/	/	/
/	/	/	/	/	/	/
/	/	/	/	/	/	/
/	/	/	/	/	/	/
/	/	/	/	/	/	/

연간 기록 → 코치 → 해결

년 1월	년 2월	년 3월	년 4월	년 5월	년 6월	반기 피드백
년 7월	년 8월	년 9월	년 10월	년 11월	년 12월	반기 피드백

…다. 매일 공통된 마감일지를 만들어 기록하고 코치하고 해결하는 과정이 경영이다.

19DAY

년 월 일 나는 100일간 :

일일 기록 → 코치 → 해결

스케줄	계 획	실 천	체크리스트 목록	IDEA 일간/월간/연간 배분!
시			0.	
시			1.	
시			2.	
시			3.	
시			4.	
시			5.	
시			6.	
시			7.	
시			8.	
시			9.	
시			10.	
시			11.	
시			12.	
시			13.	

주간 월간 기록 → 코치 → 해결

주간체크	일	월	화	수	목	금	토
	/	/	/	/	/	/	/
	/	/	/	/	/	/	/
	/	/	/	/	/	/	/
	/	/	/	/	/	/	/
	/	/	/	/	/	/	/

연간 기록 → 코치 → 해결

전반기	년 1월	년 2월	년 3월	년 4월	년 5월	년 6월	반기 피
후반기	년 7월	년 8월	년 9월	년 10월	년 11월	년 12월	반기 피

19일차. 모든 약속은 내가 생각한 시간보다 2배 여유 있게 잡아라. 그래야 여유가 생긴다.

ODAY

년 월 일 나는 100일간 :

일일 기록 → 코치 → 해결

줄	계 획	실 천	체크리스트 목록	IDEA 일간/월간/연간 배분!
시			0.	
시			1.	
시			2.	
시			3.	
시			4.	
시			5.	
시			6.	
시			7.	
시			8.	
시			9.	
시			10.	
시			11.	
시			12.	
시			13.	

주간 월간 기록 → 코치 → 해결

체크	일	월	화	수	목	금	토
	/	/	/	/	/	/	/
	/	/	/	/	/	/	/
	/	/	/	/	/	/	/
	/	/	/	/	/	/	/
	/	/	/	/	/	/	/

연간 기록 → 코치 → 해결

기	년 1월	년 2월	년 3월	년 4월	년 5월	년 6월	반기 피드백
기	년 7월	년 8월	년 9월	년 10월	년 11월	년 12월	반기 피드백

차. 나만의 실무일지와 체크리스트는 별도로 만들어 관리한다. 그래야 전문성이 쌓인다.

꿈으로 판단되는 사회는 없을까?

돈이 있는 자보다 꿈이 있는 자가 대우받는 사회였으면 한다.

돈을 받는 것보다 돈을 만들어가는 법을 배우는 사회였으면 한다.

돈보다 더 소중한 꿈과 가치를 펼칠 수 있는 사회였으면 한다.

그 돈을 벌기 위해 시간당 급여인 "시급.월급.연봉"이란 개념을 적용하여

우리 사회가 이렇게 시끄러운 논란에 빠진다면,

지금까지와는 다른, 새로운 방법으로

하나가 될 수 있는 방법을 찾아야 한다.

그 방법은 바로.

꿈의 100일 노트에 내가 만들어 낸 모든 성과를

기록하고 코치 받고 해결하는 것이다.

다시한번 이야기 하지만,

기록하지 않으면 그 누구도 알아주지 않는다.

- 이 상 민 -

1DAY

년 월 일 나는 100일간 :

일일 기록 → 코치 → 해결

ㅔ줄	계 획	실 천	체크리스트 목록	IDEA 일간/월간/연간 배분!
시			0.	
시			1.	
시			2.	
시			3.	
시			4.	
시			5.	
시			6.	
시			7.	
시			8.	
시			9.	
시			10.	
시			11.	
시			12.	
시			13.	

주간 월간 기록 → 코치 → 해결

ㅔ크	일	월	화	수	목	금	토
	/	/	/	/	/	/	/
	/	/	/	/	/	/	/
	/	/	/	/	/	/	/
	/	/	/	/	/	/	/
	/	/	/	/	/	/	/

연간 기록 → 코치 → 해결

기	년 1월	년 2월	년 3월	년 4월	년 5월	년 6월	반기 피드백
기	년 7월	년 8월	년 9월	년 10월	년 11월	년 12월	반기 피드백

차. 돈. 계산서. 상품은 항상 1:1로 같이 움직여야 정산 통계내는데 지장이 없다.

22DAY

년 월 일 나는 100일간 :

일일 기록 → 코치 → 해결

스케줄	계 획	실 천	체크리스트 목록	IDEA 일간/월간/연간 배분!
시			0.	
시			1.	
시			2.	
시			3.	
시			4.	
시			5.	
시			6.	
시			7.	
시			8.	
시			9.	
시			10.	
시			11.	
시			12.	
시			13.	

주간 월간 기록 → 코치 → 해결

주간 체크	일	월	화	수	목	금	토
	/	/	/	/	/	/	/
	/	/	/	/	/	/	/
	/	/	/	/	/	/	/
	/	/	/	/	/	/	/
	/	/	/	/	/	/	/

연간 기록 → 코치 → 해결

전 반 기	년 1월	년 2월	년 3월	년 4월	년 5월	년 6월	반기 피드
후 반 기	년 7월	년 8월	년 9월	년 10월	년 11월	년 12월	반기 피드

22일차. 보고란, 내가 하는 모든 일의 내용이나 결과를 말이나 글로 알리는 것을 뜻한다.

3DAY 년 월 일 나는 100일간 :

일일 기록 → 코치 → 해결

케줄	계 획	실 천	체크리스트 목록	IDEA 일간/월간/연간 배분!
시			0.	
시			1.	
시			2.	
시			3.	
시			4.	
시			5.	
시			6.	
시			7.	
시			8.	
시			9.	
시			10.	
시			11.	
시			12.	
시			13.	

주간 월간 기록 → 코치 → 해결

체크	일	월	화	수	목	금	토
	/	/	/	/	/	/	/
	/	/	/	/	/	/	/
	/	/	/	/	/	/	/
	/	/	/	/	/	/	/
	/	/	/	/	/	/	/

연간 기록 → 코치 → 해결

반기	년 1월	년 2월	년 3월	년 4월	년 5월	년 6월	반기 피드백
반기	년 7월	년 8월	년 9월	년 10월	년 11월	년 12월	반기 피드백

일차. 매일 같은 식의 매입이 아닌, 품질과 가격의 혁신적인 매입처를 찾기 위해 노력하라.

24DAY

년 월 일 나는 100일간 :

일일 기록 → 코치 → 해결

스케줄	계 획	실 천	체크리스트 목록	IDEA 일간/월간/연간 배분!
시			0.	
시			1.	
시			2.	
시			3.	
시			4.	
시			5.	
시			6.	
시			7.	
시			8.	
시			9.	
시			10.	
시			11.	
시			12.	
시			13.	

주간 월간 기록 → 코치 → 해결

주간체크	일	월	화	수	목	금	토
	/	/	/	/	/	/	/
	/	/	/	/	/	/	/
	/	/	/	/	/	/	/
	/	/	/	/	/	/	/
	/	/	/	/	/	/	/

연간 기록 → 코치 → 해결

전반기	년 1월	년 2월	년 3월	년 4월	년 5월	년 6월	반기 피드백
후반기	년 7월	년 8월	년 9월	년 10월	년 11월	년 12월	반기 피드백

24일차. 안정적 거래처라 안주하지 말고 항상 2곳 이상의 복수 거래처를 만들어 긍정적 비교하라.

5DAY

년 월 일 나는 100일간 :

일일 기록 → 코치 → 해결

케줄	계 획	실 천	체크리스트 목록	IDEA 일간/월간/연간 배분!
시			0.	
시			1.	
시			2.	
시			3.	
시			4.	
시			5.	
시			6.	
시			7.	
시			8.	
시			9.	
시			10.	
시			11.	
시			12.	
시			13.	

주간 월간 기록 → 코치 → 해결

체크	일	월	화	수	목	금	토
	/	/	/	/	/	/	/
	/	/	/	/	/	/	/
	/	/	/	/	/	/	/
	/	/	/	/	/	/	/
	/	/	/	/	/	/	/

연간 기록 → 코치 → 해결

반기	년 1월	년 2월	년 3월	년 4월	년 5월	년 6월	반기 피드백
반기	년 7월	년 8월	년 9월	년 10월	년 11월	년 12월	반기 피드백

일차. 아무리 꼼꼼한 사람도 실수 할 수 있다. 늘 2명 이상이 중복 체크할 수 있도록 하라.

26DAY

년 월 일 나는 100일간 :

일일 기록 → 코치 → 해결

스케줄	계 획	실 천	체크리스트 목록	IDEA 일간/월간/연간 배분!
시			0.	
시			1.	
시			2.	
시			3.	
시			4.	
시			5.	
시			6.	
시			7.	
시			8.	
시			9.	
시			10.	
시			11.	
시			12.	
시			13.	

주간 월간 기록 → 코치 → 해결

주간 체크	일	월	화	수	목	금	토
	/	/	/	/	/	/	/
	/	/	/	/	/	/	/
	/	/	/	/	/	/	/
	/	/	/	/	/	/	/
	/	/	/	/	/	/	/

연간 기록 → 코치 → 해결

전반기	년 1월	년 2월	년 3월	년 4월	년 5월	년 6월	반기 피드ㅂ
후반기	년 7월	년 8월	년 9월	년 10월	년 11월	년 12월	반기 피드ㅂ

26일차. 나만의 중요한 시간을 보호하고, 나만의 중요한 통장을 보호하라.

DAY 년 월 일 나는 100일간 :

일일 기록 → 코치 → 해결

계 획	실 천	체크리스트 목록	IDEA 일간/월간/연간 배분!
		0.	
		1.	
		2.	
		3.	
		4.	
		5.	
		6.	
		7.	
		8.	
		9.	
		10.	
		11.	
		12.	
		13.	

주간 월간 기록 → 코치 → 해결

일	월	화	수	목	금	토
/	/	/	/	/	/	/
/	/	/	/	/	/	/
/	/	/	/	/	/	/
/	/	/	/	/	/	/
/	/	/	/	/	/	/

연간 기록 → 코치 → 해결

년 1월	년 2월	년 3월	년 4월	년 5월	년 6월	반기 피드백
년 7월	년 8월	년 9월	년 10월	년 11월	년 12월	반기 피드백

차. 매일/매주/매월/분기/반기의 반복적 교육과 인재양성이 스스로를 더욱 변화시킨다.

28DAY

년 월 일 나는 100일간 :

일일 기록 → 코치 → 해결

스케줄	계 획	실 천	체크리스트 목록	IDEA 일간/월간/연간 배분!
시			0.	
시			1.	
시			2.	
시			3.	
시			4.	
시			5.	
시			6.	
시			7.	
시			8.	
시			9.	
시			10.	
시			11.	
시			12.	
시			13.	

주간 월간 기록 → 코치 → 해결

주간 체크	일	월	화	수	목	금	토
	/	/	/	/	/	/	/
	/	/	/	/	/	/	/
	/	/	/	/	/	/	/
	/	/	/	/	/	/	/
	/	/	/	/	/	/	/

연간 기록 → 코치 → 해결

전 반 기	년 1월	년 2월	년 3월	년 4월	년 5월	년 6월	반기 피
후 반 기	년 7월	년 8월	년 9월	년 10월	년 11월	년 12월	반기 피

28일차. 모든 것을 자동화 하기엔 시간이 필요하다. 하지만 작은 SW부터 자동화 할 수 있어야 경쟁력이 생긴

0DAY 년 월 일 나는 100일간 :

일일 기록 → 코치 → 해결

줄	계 획	실 천	체크리스트 목록	IDEA 일간/월간/연간 배분!
시			0.	
시			1.	
시			2.	
시			3.	
시			4.	
시			5.	
시			6.	
시			7.	
시			8.	
시			9.	
시			10.	
시			11.	
시			12.	
시			13.	

주간 월간 기록 → 코치 → 해결

크	일	월	화	수	목	금	토
	/	/	/	/	/	/	/
	/	/	/	/	/	/	/
	/	/	/	/	/	/	/
	/	/	/	/	/	/	/
	/	/	/	/	/	/	/

연간 기록 → 코치 → 해결

기	년 1월	년 2월	년 3월	년 4월	년 5월	년 6월	반기 피드백
기	년 7월	년 8월	년 9월	년 10월	년 11월	년 12월	반기 피드백

차. 리더가 솔선수범 하지 않으면 그 누구도 움직이지 않는다.

30DAY

년 월 일 나는 100일간 :

일일 기록 → 코치 → 해결				
스케줄	계 획	실 천	체크리스트 목록	IDEA 일간/월간/연간 배분!
시			0.	
시			1.	
시			2.	
시			3.	
시			4.	
시			5.	
시			6.	
시			7.	
시			8.	
시			9.	
시			10.	
시			11.	
시			12.	
시			13.	

주간 월간 기록 → 코치 → 해결							
주간체크	일	월	화	수	목	금	토
	/	/	/	/	/	/	/
	/	/	/	/	/	/	/
	/	/	/	/	/	/	/
	/	/	/	/	/	/	/
	/	/	/	/	/	/	/

연간 기록 → 코치 → 해결							
전반기	년 1월	년 2월	년 3월	년 4월	년 5월	년 6월	반기 피드
후반기	년 7월	년 8월	년 9월	년 10월	년 11월	년 12월	반기 피드

30일차. 인재는 A,B,C발굴하고 BC의 인재도 훈련과 평가로 A급 인재로 변화시키는게 리더이다.

남들은 기회로 보지 않을 때 ,

나는 매 순간 순간을 인생의 마지막 기회로 생각했다.

신기하게도,

절박한 상황과 간절한 염원이 모이고 모여

새로운 돌파구를 찾게 되고

작은 기회들이 더욱 더 큰 기회로 찾아오곤 했다.

여기서 핵심은,

모든 기회라고 생각한 것들을

기록하고 코치받고 해결할 수 있는 100일 노트였다.

기록한 것을 더 많이 알고 있는 사람에게 코치 받았고

실제로 해결하기 위해 움직였을 뿐이었다.

그게 전부이고 그게 가장 빠른 방법이었다.

- 이 상 민 -

31DAY

년 월 일 나는 100일간 :

일일 기록 → 코치 → 해결				
스케줄	계 획	실 천	체크리스트 목록	IDEA 일간/월간/연간 배분!
시			0.	
시			1.	
시			2.	
시			3.	
시			4.	
시			5.	
시			6.	
시			7.	
시			8.	
시			9.	
시			10.	
시			11.	
시			12.	
시			13.	

주간 월간 기록 → 코치 → 해결							
주간체크	일	월	화	수	목	금	토
	/	/	/	/	/	/	/
	/	/	/	/	/	/	/
	/	/	/	/	/	/	/
	/	/	/	/	/	/	/
	/	/	/	/	/	/	/

연간 기록 → 코치 → 해결							
전반기	년 1월	년 2월	년 3월	년 4월	년 5월	년 6월	반기 피
후반기	년 7월	년 8월	년 9월	년 10월	년 11월	년 12월	반기 피

31일차. 하나의 플랫폼으로 고객과 직원이 연결되어야 폭발적으로 성장할 수 있다.

DAY 년 월 일 나는 100일간 :

일일 기록 → 코치 → 해결

계 획	실 천	체크리스트 목록	IDEA 일간/월간/연간 배분!
		0.	
		1.	
		2.	
		3.	
		4.	
		5.	
		6.	
		7.	
		8.	
		9.	
		10.	
		11.	
		12.	
		13.	

주간 월간 기록 → 코치 → 해결

일	월	화	수	목	금	토
/	/	/	/	/	/	/
/	/	/	/	/	/	/
/	/	/	/	/	/	/
/	/	/	/	/	/	/
/	/	/	/	/	/	/

연간 기록 → 코치 → 해결

년 1월	년 2월	년 3월	년 4월	년 5월	년 6월	반기 피드백
년 7월	년 8월	년 9월	년 10월	년 11월	년 12월	반기 피드백

…다. 최소 10%의 이윤이 남지 않으면 물가상승등 많은 사회적 변수로 인해 경영이 어려워진다.

33DAY

년 월 일 나는 100일간 :

일일 기록 → 코치 → 해결

스케줄	계 획	실 천	체크리스트 목록	IDEA 일간/월간/연간 배분!
시			0.	
시			1.	
시			2.	
시			3.	
시			4.	
시			5.	
시			6.	
시			7.	
시			8.	
시			9.	
시			10.	
시			11.	
시			12.	
시			13.	

주간 월간 기록 → 코치 → 해결

주간체크	일	월	화	수	목	금	토
	/	/	/	/	/	/	/
	/	/	/	/	/	/	/
	/	/	/	/	/	/	/
	/	/	/	/	/	/	/
	/	/	/	/	/	/	/

연간 기록 → 코치 → 해결

전반기	년 1월	년 2월	년 3월	년 4월	년 5월	년 6월	반기 피
후반기	년 7월	년 8월	년 9월	년 10월	년 11월	년 12월	반기 피

33일차. 최소 10년의 노력을 하지 않고 성공했다고 하는 사람은 인정하지 말아라. 최소10년이다.

4DAY 년 월 일 나는 100일간 :

일일 기록 → 코치 → 해결

줄	계 획	실 천	체크리스트 목록	IDEA 일간/월간/연간 배분!
시			0.	
시			1.	
시			2.	
시			3.	
시			4.	
시			5.	
시			6.	
시			7.	
시			8.	
시			9.	
시			10.	
시			11.	
시			12.	
시			13.	

주간 월간 기록 → 코치 → 해결

ㅣ크	일	월	화	수	목	금	토
	/	/	/	/	/	/	/
	/	/	/	/	/	/	/
	/	/	/	/	/	/	/
	/	/	/	/	/	/	/
	/	/	/	/	/	/	/

연간 기록 → 코치 → 해결

기	년 1월	년 2월	년 3월	년 4월	년 5월	년 6월	반기 피드백
기	년 7월	년 8월	년 9월	년 10월	년 11월	년 12월	반기 피드백

35DAY

년 월 일 나는 100일간 :

일일 기록 → 코치 → 해결

스케줄	계 획	실 천	체크리스트 목록	IDEA 일간/월간/연간 배분!
시			0.	
시			1.	
시			2.	
시			3.	
시			4.	
시			5.	
시			6.	
시			7.	
시			8.	
시			9.	
시			10.	
시			11.	
시			12.	
시			13.	

주간 월간 기록 → 코치 → 해결

주간체크	일	월	화	수	목	금	토
	/	/	/	/	/	/	/
	/	/	/	/	/	/	/
	/	/	/	/	/	/	/
	/	/	/	/	/	/	/
	/	/	/	/	/	/	/

연간 기록 → 코치 → 해결

전반기	년 1월	년 2월	년 3월	년 4월	년 5월	년 6월	반기 피드
후반기	년 7월	년 8월	년 9월	년 10월	년 11월	년 12월	반기 피드

35일차. 나만의 일/주/월/연간 계획을 간절한 손글씨로 100일간 적어야 꿈이 이루어진다.

6DAY 년 월 일 나는 100일간 :

일일 기록 → 코치 → 해결

세줄	계 획	실 천	체크리스트 목록	IDEA 일간/월간/연간 배분!
시			0.	
시			1.	
시			2.	
시			3.	
시			4.	
시			5.	
시			6.	
시			7.	
시			8.	
시			9.	
시			10.	
시			11.	
시			12.	
시			13.	

주간 월간 기록 → 코치 → 해결

체크	일	월	화	수	목	금	토
	/	/	/	/	/	/	/
	/	/	/	/	/	/	/
	/	/	/	/	/	/	/
	/	/	/	/	/	/	/
	/	/	/	/	/	/	/

연간 기록 → 코치 → 해결

기	년 1월	년 2월	년 3월	년 4월	년 5월	년 6월	반기 피드백
기	년 7월	년 8월	년 9월	년 10월	년 11월	년 12월	반기 피드백

차. 100일간의 목표를 측정 가능한 구체적 숫자로 적어야 100일 후 피드백이 가능하다.

37DAY

년 월 일 나는 100일간 :

일일 기록 → 코치 → 해결

스케줄	계 획	실 천	체크리스트 목록	IDEA 일간/월간/연간 배분!
시			0.	
시			1.	
시			2.	
시			3.	
시			4.	
시			5.	
시			6.	
시			7.	
시			8.	
시			9.	
시			10.	
시			11.	
시			12.	
시			13.	

주간 월간 기록 → 코치 → 해결

주간체크	일	월	화	수	목	금	토
	/	/	/	/	/	/	/
	/	/	/	/	/	/	/
	/	/	/	/	/	/	/
	/	/	/	/	/	/	/
	/	/	/	/	/	/	/

연간 기록 → 코치 → 해결

전반기	년 1월	년 2월	년 3월	년 4월	년 5월	년 6월	반기 피드
후반기	년 7월	년 8월	년 9월	년 10월	년 11월	년 12월	반기 피드

37일차. 그 숫자는 등수든, 점수든, 매출이든, 시급이든, 연봉이든 그 어떤 것도 좋다.

8DAY

년 월 일 나는 100일간 :

일일 기록 → 코치 → 해결

케줄	계 획	실 천	체크리스트 목록	IDEA 일간/월간/연간 배분!
시			0.	
시			1.	
시			2.	
시			3.	
시			4.	
시			5.	
시			6.	
시			7.	
시			8.	
시			9.	
시			10.	
시			11.	
시			12.	
시			13.	

주간 월간 기록 → 코치 → 해결

체크	일	월	화	수	목	금	토
	/	/	/	/	/	/	/
	/	/	/	/	/	/	/
	/	/	/	/	/	/	/
	/	/	/	/	/	/	/
	/	/	/	/	/	/	/

연간 기록 → 코치 → 해결

기	년 1월	년 2월	년 3월	년 4월	년 5월	년 6월	반기 피드백
기	년 7월	년 8월	년 9월	년 10월	년 11월	년 12월	반기 피드백

일차. 옷은 날개다. 그 사람의 마음가짐이자 됨됨이이며, 날아 갈 수 있는 도구이다.

39DAY

년 월 일 나는 100일간 :

일일 기록 → 코치 → 해결

스케줄	계 획	실 천	체크리스트 목록	IDEA 일간/월간/연간 배분!
시			0.	
시			1.	
시			2.	
시			3.	
시			4.	
시			5.	
시			6.	
시			7.	
시			8.	
시			9.	
시			10.	
시			11.	
시			12.	
시			13.	

주간 월간 기록 → 코치 → 해결

주간체크	일	월	화	수	목	금	토
	/	/	/	/	/	/	/
	/	/	/	/	/	/	/
	/	/	/	/	/	/	/
	/	/	/	/	/	/	/
	/	/	/	/	/	/	/

연간 기록 → 코치 → 해결

전반기	년 1월	년 2월	년 3월	년 4월	년 5월	년 6월	반기 피드
후반기	년 7월	년 8월	년 9월	년 10월	년 11월	년 12월	반기 피드

39일차. 상대의 눈을보고 인사하고 고개를 끄덕이며 경청하면 마음을 사로 잡을 수 있다.

0DAY 년 월 일 나는 100일간 :

일일 기록 → 코치 → 해결

줄	계 획	실 천	체크리스트 목록	IDEA 일간/월간/연간 배분!
시			0.	
시			1.	
시			2.	
시			3.	
시			4.	
시			5.	
시			6.	
시			7.	
시			8.	
시			9.	
시			10.	
시			11.	
시			12.	
시			13.	

주간 월간 기록 → 코치 → 해결

체크	일	월	화	수	목	금	토
	/	/	/	/	/	/	/
	/	/	/	/	/	/	/
	/	/	/	/	/	/	/
	/	/	/	/	/	/	/
	/	/	/	/	/	/	/

연간 기록 → 코치 → 해결

기	년 1월	년 2월	년 3월	년 4월	년 5월	년 6월	반기 피드백
기	년 7월	년 8월	년 9월	년 10월	년 11월	년 12월	반기 피드백

일차. 나쁜 기운은 없애고 좋은 기운으로 매일 15분간 집중 청소하는 방법을 익힌다.

단순히 돈을 벌기 위함이 아닌,

단순히 부자가 되기 위함이 아닌,

단순히 인정받기 위함이 아닌,

내가 태어난 궁극적 이유를.

내가 일하는 근본적 이유를.

내가 세상에 무엇을 남길 것인가를

먼저 생각해봐.

그리고, 그 생각들을 기록하고 코치 받고 해결해야 해.

그러면, 그 무엇에게도 흔들리지 않을 뿌리가 단단하게 형성되어

반드시 우리의 꿈을 이룰 수 있단다.

- 이 상 민 -

DAY 년 월 일 나는 100일간 :

일일 기록 → 코치 → 해결

줄	계 획	실 천	체크리스트 목록	IDEA 일간/월간/연간 배분!
시			0.	
시			1.	
시			2.	
시			3.	
시			4.	
시			5.	
시			6.	
시			7.	
시			8.	
시			9.	
시			10.	
시			11.	
시			12.	
시			13.	

주간 월간 기록 → 코치 → 해결

ㅣ크	일	월	화	수	목	금	토
	/	/	/	/	/	/	/
	/	/	/	/	/	/	/
	/	/	/	/	/	/	/
	/	/	/	/	/	/	/
	/	/	/	/	/	/	/

연간 기록 → 코치 → 해결

기	년 1월	년 2월	년 3월	년 4월	년 5월	년 6월	반기 피드백
기	년 7월	년 8월	년 9월	년 10월	년 11월	년 12월	반기 피드백

차. 미팅, 보고, 회식, 회의는 팀웍의 지표이자, 교육의 가장 빠른 방법이다.

42DAY

년 월 일 나는 100일간 :

일일 기록 → 코치 → 해결				
스케줄	계 획	실 천	체크리스트 목록	IDEA 일간/월간/연간 배분!
시			0.	
시			1.	
시			2.	
시			3.	
시			4.	
시			5.	
시			6.	
시			7.	
시			8.	
시			9.	
시			10.	
시			11.	
시			12.	
시			13.	

주간 월간 기록 → 코치 → 해결							
주간체크	일	월	화	수	목	금	토
	/	/	/	/	/	/	/
	/	/	/	/	/	/	/
	/	/	/	/	/	/	/
	/	/	/	/	/	/	/
	/	/	/	/	/	/	/

연간 기록 → 코치 → 해결							
전반기	년 1월	년 2월	년 3월	년 4월	년 5월	년 6월	반기 피드
후반기	년 7월	년 8월	년 9월	년 10월	년 11월	년 12월	반기 피드

42일차. 내가 할 수 있는 방법으로 자신이나 자신의 상품을 하루 1시간 알려야 한다.

3DAY 년 월 일 나는 100일간 :

일일 기록 → 코치 → 해결

줄	계 획	실 천	체크리스트 목록	IDEA 일간/월간/연간 배분!
시			0.	
시			1.	
시			2.	
시			3.	
시			4.	
시			5.	
시			6.	
시			7.	
시			8.	
시			9.	
시			10.	
시			11.	
시			12.	
시			13.	

주간 월간 기록 → 코치 → 해결

체크	일	월	화	수	목	금	토
	/	/	/	/	/	/	/
	/	/	/	/	/	/	/
	/	/	/	/	/	/	/
	/	/	/	/	/	/	/
	/	/	/	/	/	/	/

연간 기록 → 코치 → 해결

기	년 1월	년 2월	년 3월	년 4월	년 5월	년 6월	반기 피드백
기	년 7월	년 8월	년 9월	년 10월	년 11월	년 12월	반기 피드백

차. 몰입을 위해서는 잡담. 휴대폰. TV 등 방해 받는 무엇이든 없앤 후 일과 자기계발에 집중한다.

44DAY

년 월 일 나는 100일간 :

일일 기록 → 코치 → 해결				
스케줄	계 획	실 천	체크리스트 목록	IDEA 일간/월간/연간 배분!
시			0.	
시			1.	
시			2.	
시			3.	
시			4.	
시			5.	
시			6.	
시			7.	
시			8.	
시			9.	
시			10.	
시			11.	
시			12.	
시			13.	

주간 월간 기록 → 코치 → 해결							
주간 체크	일	월	화	수	목	금	토
	/	/	/	/	/	/	/
	/	/	/	/	/	/	/
	/	/	/	/	/	/	/
	/	/	/	/	/	/	/
	/	/	/	/	/	/	/

연간 기록 → 코치 → 해결							
전 반 기	년 1월	년 2월	년 3월	년 4월	년 5월	년 6월	반기 피드
후 반 기	년 7월	년 8월	년 9월	년 10월	년 11월	년 12월	반기 피드

44일차. 최대매출, 최소지출, 최소시간의 성과원칙으로 공동이익을 위해 매일 기록하는 것이 마감이다.

DAY 년 월 일 나는 100일간 :

일일 기록 → 코치 → 해결

계 획	실 천	체크리스트 목록	IDEA 일간/월간/연간 배분!
		0.	
		1.	
		2.	
		3.	
		4.	
		5.	
		6.	
		7.	
		8.	
		9.	
		10.	
		11.	
		12.	
		13.	

주간 월간 기록 → 코치 → 해결

일	월	화	수	목	금	토
/	/	/	/	/	/	/
/	/	/	/	/	/	/
/	/	/	/	/	/	/
/	/	/	/	/	/	/
/	/	/	/	/	/	/

연간 기록 → 코치 → 해결

년 1월	년 2월	년 3월	년 4월	년 5월	년 6월	반기 피드백
년 7월	년 8월	년 9월	년 10월	년 11월	년 12월	반기 피드백

기존의 팀 방식을 원점으로 섞고 2명~5명 단위의 TFT으로 재구성하라.

46DAY

년 월 일 나는 100일간 :

일일 기록 → 코치 → 해결

스케줄	계 획	실 천	체크리스트 목록	IDEA 일간/월간/연간 배분!
시			0.	
시			1.	
시			2.	
시			3.	
시			4.	
시			5.	
시			6.	
시			7.	
시			8.	
시			9.	
시			10.	
시			11.	
시			12.	
시			13.	

주간 월간 기록 → 코치 → 해결

주간체크	일	월	화	수	목	금	토
	/	/	/	/	/	/	/
	/	/	/	/	/	/	/
	/	/	/	/	/	/	/
	/	/	/	/	/	/	/
	/	/	/	/	/	/	/

연간 기록 → 코치 → 해결

전반기	년 1월	년 2월	년 3월	년 4월	년 5월	년 6월	반기 피
후반기	년 7월	년 8월	년 9월	년 10월	년 11월	년 12월	반기 피

46일차. 구체적 유형의 고객을 선택하고 BICI 디자인 기준을 하나로 통일하라.

DAY 년 월 일 나는 100일간 :

일일 기록 → 코치 → 해결

계 획	실 천	체크리스트 목록	IDEA 일간/월간/연간 배분!
		0.	
		1.	
		2.	
		3.	
		4.	
		5.	
		6.	
		7.	
		8.	
		9.	
		10.	
		11.	
		12.	
		13.	

주간 월간 기록 → 코치 → 해결

일	월	화	수	목	금	토
/	/	/	/	/	/	/
/	/	/	/	/	/	/
/	/	/	/	/	/	/
/	/	/	/	/	/	/
/	/	/	/	/	/	/

연간 기록 → 코치 → 해결

년 1월	년 2월	년 3월	년 4월	년 5월	년 6월	반기 피드백
년 7월	년 8월	년 9월	년 10월	년 11월	년 12월	반기 피드백

ㅏ. 선택된 고객 1명에게 무료로 줄 수 있는 파격적인 1가지를 선정할 것.

48DAY

년 월 일 나는 100일간 :

일일 기록 → 코치 → 해결

스케줄	계 획	실 천	체크리스트 목록	IDEA 일간/월간/연간 배분!
시			0.	
시			1.	
시			2.	
시			3.	
시			4.	
시			5.	
시			6.	
시			7.	
시			8.	
시			9.	
시			10.	
시			11.	
시			12.	
시			13.	

주간 월간 기록 → 코치 → 해결

주간체크	일	월	화	수	목	금	토
	/	/	/	/	/	/	/
	/	/	/	/	/	/	/
	/	/	/	/	/	/	/
	/	/	/	/	/	/	/
	/	/	/	/	/	/	/

연간 기록 → 코치 → 해결

전반기	년 1월	년 2월	년 3월	년 4월	년 5월	년 6월	반기 ㅍ
후반기	년 7월	년 8월	년 9월	년 10월	년 11월	년 12월	반기 ㅍ

48일차. 계약을 위한 플로어를 1가지 플랫폼으로 통일 구축 하는 것이 핵심기술이다.

9DAY 년 월 일 나는 100일간 :

일일 기록 → 코치 → 해결

줄	계 획	실 천	체크리스트 목록	IDEA 일간/월간/연간 배분!
시			0.	
시			1.	
시			2.	
시			3.	
시			4.	
시			5.	
시			6.	
시			7.	
시			8.	
시			9.	
시			10.	
시			11.	
시			12.	
시			13.	

주간 월간 기록 → 코치 → 해결

체크	일	월	화	수	목	금	토
	/	/	/	/	/	/	/
	/	/	/	/	/	/	/
	/	/	/	/	/	/	/
	/	/	/	/	/	/	/
	/	/	/	/	/	/	/

연간 기록 → 코치 → 해결

기	년 1월	년 2월	년 3월	년 4월	년 5월	년 6월	반기 피드백
기	년 7월	년 8월	년 9월	년 10월	년 11월	년 12월	반기 피드백

차. 계약 실천을 위한 초기 오픈 체크리스트를 만들어 실천하라.

50DAY

년 월 일 나는 100일간 :

일일 기록 → 코치 → 해결

스케줄	계 획	실 천	체크리스트 목록	IDEA 일간/월간/연간 배분!
시			0.	
시			1.	
시			2.	
시			3.	
시			4.	
시			5.	
시			6.	
시			7.	
시			8.	
시			9.	
시			10.	
시			11.	
시			12.	
시			13.	

주간 월간 기록 → 코치 → 해결

주간체크	일	월	화	수	목	금	토
	/	/	/	/	/	/	/
	/	/	/	/	/	/	/
	/	/	/	/	/	/	/
	/	/	/	/	/	/	/
	/	/	/	/	/	/	/

연간 기록 → 코치 → 해결

전반기	년 1월	년 2월	년 3월	년 4월	년 5월	년 6월	반기 피드
후반기	년 7월	년 8월	년 9월	년 10월	년 11월	년 12월	반기 피드

50일차. 계약 운영을 위한 QSC운영 / 클레임 해결 체크리스트를 만들어 실천하라.

연애를 할 때,
결혼을 할 때,
주변 사람들이 묻는 말

그 사람 능력있니?

그 사람의 차를 보고,
그 사람의 집을 보고,
그 사람의 돈을 보고,

하는 말이 아닌,

그 사람의 꿈을 볼 줄 알아야 하고,
그 사람의 열정을 볼 줄 알아야 하며,
그 사람의 가치를 알아봐야 한단다.

그러기 위해서는
자신만의 꿈의 100일 노트를 기록하고
자신있게 보여줄 수 있어야 하며,
얼만큼 해결되고 실천하고 있는지를
알아보는 사람.

이게 진정 능력 있는 사람이다.

- 이 상 민 -

51DAY 년 월 일 나는 100일간 :

일일 기록 → 코치 → 해결

스케줄	계 획	실 천	체크리스트 목록	IDEA 일간/월간/연간 배분!
시			0.	
시			1.	
시			2.	
시			3.	
시			4.	
시			5.	
시			6.	
시			7.	
시			8.	
시			9.	
시			10.	
시			11.	
시			12.	
시			13.	

주간 월간 기록 → 코치 → 해결

주간체크	일	월	화	수	목	금	토
	/	/	/	/	/	/	/
	/	/	/	/	/	/	/
	/	/	/	/	/	/	/
	/	/	/	/	/	/	/
	/	/	/	/	/	/	/

연간 기록 → 코치 → 해결

전반기	년 1월	년 2월	년 3월	년 4월	년 5월	년 6월	반기 피드
후반기	년 7월	년 8월	년 9월	년 10월	년 11월	년 12월	반기 피드

51일차. 매일 공통된 마감일지를 만들어 기록하고 코치하고 해결하는 과정이 경영이다.

2DAY 년 월 일 나는 100일간 :

일일 기록 → 코치 → 해결

체출	계 획	실 천	체크리스트 목록	IDEA 일간/월간/연간 배분!
시			0.	
시			1.	
시			2.	
시			3.	
시			4.	
시			5.	
시			6.	
시			7.	
시			8.	
시			9.	
시			10.	
시			11.	
시			12.	
시			13.	

주간 월간 기록 → 코치 → 해결

체크	일	월	화	수	목	금	토
	/	/	/	/	/	/	/
	/	/	/	/	/	/	/
	/	/	/	/	/	/	/
	/	/	/	/	/	/	/
	/	/	/	/	/	/	/

연간 기록 → 코치 → 해결

반기	년 1월	년 2월	년 3월	년 4월	년 5월	년 6월	반기 피드백
반기	년 7월	년 8월	년 9월	년 10월	년 11월	년 12월	반기 피드백

일차. 모든 약속은 내가 생각한 시간보다 2배 여유 있게 잡아라. 그래야 여유가 생긴다.

53DAY

년 월 일 나는 100일간 :

일일 기록 → 코치 → 해결

스케줄	계 획	실 천	체크리스트 목록	IDEA 일간/월간/연간 배분!
시			0.	
시			1.	
시			2.	
시			3.	
시			4.	
시			5.	
시			6.	
시			7.	
시			8.	
시			9.	
시			10.	
시			11.	
시			12.	
시			13.	

주간 월간 기록 → 코치 → 해결

주간 체크	일	월	화	수	목	금	토
	/	/	/	/	/	/	/
	/	/	/	/	/	/	/
	/	/	/	/	/	/	/
	/	/	/	/	/	/	/
	/	/	/	/	/	/	/

연간 기록 → 코치 → 해결

전 반 기	년 1월	년 2월	년 3월	년 4월	년 5월	년 6월	반기 피드백
후 반 기	년 7월	년 8월	년 9월	년 10월	년 11월	년 12월	반기 피드백

53일차. 나만의 실무일지와 체크리스트는 별도로 만들어 관리한다. 그래야 전문성이 쌓인다.

4DAY 년 월 일 나는 100일간 :

일일 기록 → 코치 → 해결

ㅐ줄	계 획	실 천	체크리스트 목록	IDEA 일간/월간/연간 배분!
시			0.	
시			1.	
시			2.	
시			3.	
시			4.	
시			5.	
시			6.	
시			7.	
시			8.	
시			9.	
시			10.	
시			11.	
시			12.	
시			13.	

주간 월간 기록 → 코치 → 해결

체크	일	월	화	수	목	금	토
	/	/	/	/	/	/	/
	/	/	/	/	/	/	/
	/	/	/	/	/	/	/
	/	/	/	/	/	/	/
	/	/	/	/	/	/	/

연간 기록 → 코치 → 해결

ㅏ기	년 1월	년 2월	년 3월	년 4월	년 5월	년 6월	반기 피드백
ㅏ기	년 7월	년 8월	년 9월	년 10월	년 11월	년 12월	반기 피드백

ㅣ차. 돈. 계산서. 상품은 항상 1:1로 같이 움직여야 정산 통계내는데 지장이 없다.

55DAY

년 월 일 나는 100일간 :

일일 기록 → 코치 → 해결

스케줄	계 획	실 천	체크리스트 목록	IDEA 일간/월간/연간 배분!
시			0.	
시			1.	
시			2.	
시			3.	
시			4.	
시			5.	
시			6.	
시			7.	
시			8.	
시			9.	
시			10.	
시			11.	
시			12.	
시			13.	

주간 월간 기록 → 코치 → 해결

주간 체크	일	월	화	수	목	금	토
	/	/	/	/	/	/	/
	/	/	/	/	/	/	/
	/	/	/	/	/	/	/
	/	/	/	/	/	/	/
	/	/	/	/	/	/	/

연간 기록 → 코치 → 해결

전 반 기	년 1월	년 2월	년 3월	년 4월	년 5월	년 6월	반기 피드
후 반 기	년 7월	년 8월	년 9월	년 10월	년 11월	년 12월	반기 피드

55일차. 보고란, 내가 하는 모든 일의 내용이나 결과를 말이나 글로 알리는 것을 뜻한다.

DAY 년 월 일 나는 100일간 :

일일 기록 → 코치 → 해결

계 획	실 천	체크리스트 목록	IDEA 일간/월간/연간 배분!
		0.	
		1.	
		2.	
		3.	
		4.	
		5.	
		6.	
		7.	
		8.	
		9.	
		10.	
		11.	
		12.	
		13.	

주간 월간 기록 → 코치 → 해결

일	월	화	수	목	금	토
/	/	/	/	/	/	/
/	/	/	/	/	/	/
/	/	/	/	/	/	/
/	/	/	/	/	/	/
/	/	/	/	/	/	/

연간 기록 → 코치 → 해결

년 1월	년 2월	년 3월	년 4월	년 5월	년 6월	반기 피드백
년 7월	년 8월	년 9월	년 10월	년 11월	년 12월	반기 피드백

차. 매일 같은 식의 매입이 아닌, 품질과 가격의 혁신적인 매입처를 찾기 위해 노력하라.

57DAY

년 월 일 나는 100일간 :

일일 기록 → 코치 → 해결				
스케줄	계 획	실 천	체크리스트 목록	IDEA 일간/월간/연간 배분!
시			0.	
시			1.	
시			2.	
시			3.	
시			4.	
시			5.	
시			6.	
시			7.	
시			8.	
시			9.	
시			10.	
시			11.	
시			12.	
시			13.	

주간 월간 기록 → 코치 → 해결							
주간 체크	일	월	화	수	목	금	토
	/	/	/	/	/	/	/
	/	/	/	/	/	/	/
	/	/	/	/	/	/	/
	/	/	/	/	/	/	/
	/	/	/	/	/	/	/

연간 기록 → 코치 → 해결							
전 반 기	년 1월	년 2월	년 3월	년 4월	년 5월	년 6월	반기 피
후 반 기	년 7월	년 8월	년 9월	년 10월	년 11월	년 12월	반기 피

57일차. 안정적 거래처라 안주하지 말고 항상 2곳 이상의 복수 거래처를 만들어 긍정적 비교하라.

3DAY 년 월 일 나는 100일간 :

일일 기록 → 코치 → 해결

줄	계 획	실 천	체크리스트 목록	IDEA 일간/월간/연간 배분!
시			0.	
시			1.	
시			2.	
시			3.	
시			4.	
시			5.	
시			6.	
시			7.	
시			8.	
시			9.	
시			10.	
시			11.	
시			12.	
시			13.	

주간 월간 기록 → 코치 → 해결

크	일	월	화	수	목	금	토
	/	/	/	/	/	/	/
	/	/	/	/	/	/	/
	/	/	/	/	/	/	/
	/	/	/	/	/	/	/
	/	/	/	/	/	/	/

연간 기록 → 코치 → 해결

기	년 1월	년 2월	년 3월	년 4월	년 5월	년 6월	반기 피드백
기	년 7월	년 8월	년 9월	년 10월	년 11월	년 12월	반기 피드백

차. 아무리 꼼꼼한 사람도 실수 할 수 있다. 늘 2명 이상이 중복 체크할 수 있도록 하라.

59DAY

년 월 일 나는 100일간 :

일일 기록 → 코치 → 해결				
스케줄	계 획	실 천	체크리스트 목록	IDEA 일간/월간/연간 배분!
시			0.	
시			1.	
시			2.	
시			3.	
시			4.	
시			5.	
시			6.	
시			7.	
시			8.	
시			9.	
시			10.	
시			11.	
시			12.	
시			13.	

주간 월간 기록 → 코치 → 해결							
주간체크	일	월	화	수	목	금	토
	/	/	/	/	/	/	/
	/	/	/	/	/	/	/
	/	/	/	/	/	/	/
	/	/	/	/	/	/	/
	/	/	/	/	/	/	/

연간 기록 → 코치 → 해결							
전반기	년 1월	년 2월	년 3월	년 4월	년 5월	년 6월	반기 피
후반기	년 7월	년 8월	년 9월	년 10월	년 11월	년 12월	반기 피

59일차. 나만의 중요한 시간을 보호하고, 나만의 중요한 통장을 보호하라.

DAY 년 월 일 나는 100일간 :

일일 기록 → 코치 → 해결

계 획	실 천	체크리스트 목록	IDEA 일간/월간/연간 배분!
		0.	
		1.	
		2.	
		3.	
		4.	
		5.	
		6.	
		7.	
		8.	
		9.	
		10.	
		11.	
		12.	
		13.	

주간 월간 기록 → 코치 → 해결

일	월	화	수	목	금	토
/	/	/	/	/	/	/
/	/	/	/	/	/	/
/	/	/	/	/	/	/
/	/	/	/	/	/	/
/	/	/	/	/	/	/

연간 기록 → 코치 → 해결

년 1월	년 2월	년 3월	년 4월	년 5월	년 6월	반기 피드백
년 7월	년 8월	년 9월	년 10월	년 11월	년 12월	반기 피드백

차. 매일/매주/매월/분기/반기의 반복적 교육과 인재양성이 스스로를 더욱 변화시킨다.

꿈의 100일 노트는
100일간 달성하고 싶은 목표를
일일/주간/월간/연간 반복적으로 기록하는 것이 핵심이야
어떤이가 복사하고, 붙여넣기 해서 쉽게 보면 되지
왜 귀찮게 매일 적어? 라고 묻는다.

하지만, 꿈을 이룰 수 있는 핵심방법은
우리 내면에 잠재되어 있는 위대한 힘을 깨워야 해.
그러기 위해서는
펜으로 또박 또박 적으면서
매우 느린 속도로 생각의 힘을 길러야 해.

어떻게 하면, 효율적인 시간을 보낼 것인지.
어떻게 하면, 더 나은 방법을 코치하고 받을 것인지.
어떻게 하면, 실천하고 해결 할 수 있는지.

손으로 기록한다는 것은 한 번 더 생각 한다는 것이야.
그리고 자신만의 사고시간을 갖는 것이란다.
펜으로 적는 느림이
어쩌면, 제일 빠른 길임을.

- 이 상 민 -

DAY

년 월 일 나는 100일간 :

일일 기록 → 코치 → 해결

계 획	실 천	체크리스트 목록	IDEA 일간/월간/연간 배분!
		0.	
		1.	
		2.	
		3.	
		4.	
		5.	
		6.	
		7.	
		8.	
		9.	
		10.	
		11.	
		12.	
		13.	

주간 월간 기록 → 코치 → 해결

일	월	화	수	목	금	토
/	/	/	/	/	/	/
/	/	/	/	/	/	/
/	/	/	/	/	/	/
/	/	/	/	/	/	/
/	/	/	/	/	/	/

연간 기록 → 코치 → 해결

년 1월	년 2월	년 3월	년 4월	년 5월	년 6월	반기 피드백
년 7월	년 8월	년 9월	년 10월	년 11월	년 12월	반기 피드백

ㅏ. 모든 것을 자동화 하기엔 시간이 필요하다. 하지만 작은 SW부터 자동화 할 수 있어야 경쟁력이 생긴다.

62DAY

년 월 일 나는 100일간 :

일일 기록 → 코치 → 해결

스케줄	계 획	실 천	체크리스트 목록	IDEA 일간/월간/연간 배분!
시			0.	
시			1.	
시			2.	
시			3.	
시			4.	
시			5.	
시			6.	
시			7.	
시			8.	
시			9.	
시			10.	
시			11.	
시			12.	
시			13.	

주간 월간 기록 → 코치 → 해결

주간 체크	일	월	화	수	목	금	토
	/	/	/	/	/	/	/
	/	/	/	/	/	/	/
	/	/	/	/	/	/	/
	/	/	/	/	/	/	/
	/	/	/	/	/	/	/

연간 기록 → 코치 → 해결

전 반 기	년 1월	년 2월	년 3월	년 4월	년 5월	년 6월	반기 피
후 반 기	년 7월	년 8월	년 9월	년 10월	년 11월	년 12월	반기 피

62일차. 리더가 솔선수범 하지 않으면 그 누구도 움직이지 않는다.

3DAY

년 월 일 나는 100일간 :

일일 기록 → 코치 → 해결

줄	계 획	실 천	체크리스트 목록	IDEA 일간/월간/연간 배분!
시			0.	
시			1.	
시			2.	
시			3.	
시			4.	
시			5.	
시			6.	
시			7.	
시			8.	
시			9.	
시			10.	
시			11.	
시			12.	
시			13.	

주간 월간 기록 → 코치 → 해결

크	일	월	화	수	목	금	토
	/	/	/	/	/	/	/
	/	/	/	/	/	/	/
	/	/	/	/	/	/	/
	/	/	/	/	/	/	/
	/	/	/	/	/	/	/

연간 기록 → 코치 → 해결

기	년 1월	년 2월	년 3월	년 4월	년 5월	년 6월	반기 피드백
기	년 7월	년 8월	년 9월	년 10월	년 11월	년 12월	반기 피드백

차. 인재는 A,B,C발굴하고 BC의 인재도 훈련과 평가로 A급 인재로 변화시키는게 리더이다.

64DAY

년 월 일 나는 100일간 :

일일 기록 → 코치 → 해결

스케줄	계 획	실 천	체크리스트 목록	IDEA 일간/월간/연간 배분!
시			0.	
시			1.	
시			2.	
시			3.	
시			4.	
시			5.	
시			6.	
시			7.	
시			8.	
시			9.	
시			10.	
시			11.	
시			12.	
시			13.	

주간 월간 기록 → 코치 → 해결

주간체크	일	월	화	수	목	금	토
	/	/	/	/	/	/	/
	/	/	/	/	/	/	/
	/	/	/	/	/	/	/
	/	/	/	/	/	/	/
	/	/	/	/	/	/	/

연간 기록 → 코치 → 해결

전반기	년 1월	년 2월	년 3월	년 4월	년 5월	년 6월	반기 피
후반기	년 7월	년 8월	년 9월	년 10월	년 11월	년 12월	반기 피

64일차. 하나의 플랫폼으로 고객과 직원이 연결되어야 폭발적으로 성장할 수 있다.

5DAY 년 월 일 나는 100일간 :

일일 기록 → 코치 → 해결

줄	계 획	실 천	체크리스트 목록	IDEA 일간/월간/연간 배분!
시			0.	
시			1.	
시			2.	
시			3.	
시			4.	
시			5.	
시			6.	
시			7.	
시			8.	
시			9.	
시			10.	
시			11.	
시			12.	
시			13.	

주간 월간 기록 → 코치 → 해결

크	일	월	화	수	목	금	토
	/	/	/	/	/	/	/
	/	/	/	/	/	/	/
	/	/	/	/	/	/	/
	/	/	/	/	/	/	/
	/	/	/	/	/	/	/

연간 기록 → 코치 → 해결

기	년 1월	년 2월	년 3월	년 4월	년 5월	년 6월	반기 피드백
기	년 7월	년 8월	년 9월	년 10월	년 11월	년 12월	반기 피드백

차. 최소 10%의 이윤이 남지 않으면 물가상승등 많은 사회적 변수로 인해 경영이 어려워진다.

66DAY

년 월 일 나는 100일간 :

일일 기록 → 코치 → 해결				
스케줄	계 획	실 천	체크리스트 목록	IDEA 일간/월간/연간 배분!
시			0.	
시			1.	
시			2.	
시			3.	
시			4.	
시			5.	
시			6.	
시			7.	
시			8.	
시			9.	
시			10.	
시			11.	
시			12.	
시			13.	

주간 월간 기록 → 코치 → 해결							
주간체크	일	월	화	수	목	금	토
	/	/	/	/	/	/	/
	/	/	/	/	/	/	/
	/	/	/	/	/	/	/
	/	/	/	/	/	/	/
	/	/	/	/	/	/	/

연간 기록 → 코치 → 해결							
전반기	년 1월	년 2월	년 3월	년 4월	년 5월	년 6월	반기 피드
후반기	년 7월	년 8월	년 9월	년 10월	년 11월	년 12월	반기 피드

66일차. 최소 10년의 노력을 하지 않고 성공했다고 하는 사람은 인정하지 말아라. 최소10년이다.

7DAY

년 월 일 나는 100일간 :

일일 기록 → 코치 → 해결

체줄	계 획	실 천	체크리스트 목록	IDEA 일간/월간/연간 배분!
시			0.	
시			1.	
시			2.	
시			3.	
시			4.	
시			5.	
시			6.	
시			7.	
시			8.	
시			9.	
시			10.	
시			11.	
시			12.	
시			13.	

주간 월간 기록 → 코치 → 해결

체크	일	월	화	수	목	금	토
	/	/	/	/	/	/	/
	/	/	/	/	/	/	/
	/	/	/	/	/	/	/
	/	/	/	/	/	/	/
	/	/	/	/	/	/	/

연간 기록 → 코치 → 해결

기	년 1월	년 2월	년 3월	년 4월	년 5월	년 6월	반기 피드백
기	년 7월	년 8월	년 9월	년 10월	년 11월	년 12월	반기 피드백

차. 100일노트. 100일은 그 어떤 습관이든 만들 수 있는 충분한 시간이다.

68DAY

년 월 일 나는 100일간 :

일일 기록 → 코치 → 해결

스케줄	계 획	실 천	체크리스트 목록	IDEA 일간/월간/연간 배분!
시			0.	
시			1.	
시			2.	
시			3.	
시			4.	
시			5.	
시			6.	
시			7.	
시			8.	
시			9.	
시			10.	
시			11.	
시			12.	
시			13.	

주간 월간 기록 → 코치 → 해결

주간체크	일	월	화	수	목	금	토
	/	/	/	/	/	/	/
	/	/	/	/	/	/	/
	/	/	/	/	/	/	/
	/	/	/	/	/	/	/
	/	/	/	/	/	/	/

연간 기록 → 코치 → 해결

전반기	년 1월	년 2월	년 3월	년 4월	년 5월	년 6월	반기 피드
후반기	년 7월	년 8월	년 9월	년 10월	년 11월	년 12월	반기 피드

68일차. 나만의 일/주/월/연간 계획을 간절한 손글씨로 100일간 적어야 꿈이 이루어진다.

9DAY 년 월 일 나는 100일간 :

일일 기록 → 코치 → 해결

줄	계 획	실 천	체크리스트 목록	IDEA 일간/월간/연간 배분!
시			0.	
시			1.	
시			2.	
시			3.	
시			4.	
시			5.	
시			6.	
시			7.	
시			8.	
시			9.	
시			10.	
시			11.	
시			12.	
시			13.	

주간 월간 기록 → 코치 → 해결

체크	일	월	화	수	목	금	토
	/	/	/	/	/	/	/
	/	/	/	/	/	/	/
	/	/	/	/	/	/	/
	/	/	/	/	/	/	/
	/	/	/	/	/	/	/

연간 기록 → 코치 → 해결

기	년 1월	년 2월	년 3월	년 4월	년 5월	년 6월	반기 피드백
기	년 7월	년 8월	년 9월	년 10월	년 11월	년 12월	반기 피드백

차. 100일간의 목표를 측정 가능한 구체적 숫자로 적어야 100일 후 피드백이 가능하다.

70DAY

년 월 일 나는 100일간 :

일일 기록 → 코치 → 해결				
스케줄	계 획	실 천	체크리스트 목록	IDEA 일간/월간/연간 배분!
시			0.	
시			1.	
시			2.	
시			3.	
시			4.	
시			5.	
시			6.	
시			7.	
시			8.	
시			9.	
시			10.	
시			11.	
시			12.	
시			13.	

주간 월간 기록 → 코치 → 해결							
주간 체크	일	월	화	수	목	금	토
	/	/	/	/	/	/	/
	/	/	/	/	/	/	/
	/	/	/	/	/	/	/
	/	/	/	/	/	/	/
	/	/	/	/	/	/	/

연간 기록 → 코치 → 해결							
전반기	년 1월	년 2월	년 3월	년 4월	년 5월	년 6월	반기 피드
후반기	년 7월	년 8월	년 9월	년 10월	년 11월	년 12월	반기 피드

70일차. 그 숫자는 등수든, 점수든, 매출이든, 시급이든, 연봉이든 그 어떤 것도 좋다.

100일간 반복되는 일상을 무료하게 기록하는 사람.

100일간의 목표를 위해
조금씩 조금씩 바꿔나가고 변화를 코치 받고
하나씩 하나씩 해결 해 나가는 사람.

선택은 너에게 달려있어.

100일은 어떤 습관이든
새로 만들 수 있는 충분한 시간이야.
하지만 우리는 100일간
매일 매일 기록하지 않기 때문에
결국 의미 없는 100일을 보내고 말거든.

처음은 차이를 모르겠지만,
100일 뒤 엄청난 차이를 체험할 거야.

- 이 상 민 -

71DAY 년 월 일 나는 100일간 :

일일 기록 → 코치 → 해결				
스케줄	계 획	실 천	체크리스트 목록	IDEA 일간/월간/연간 배분!
시			0.	
시			1.	
시			2.	
시			3.	
시			4.	
시			5.	
시			6.	
시			7.	
시			8.	
시			9.	
시			10.	
시			11.	
시			12.	
시			13.	

주간 월간 기록 → 코치 → 해결							
주간체크	일	월	화	수	목	금	토
	/	/	/	/	/	/	/
	/	/	/	/	/	/	/
	/	/	/	/	/	/	/
	/	/	/	/	/	/	/
	/	/	/	/	/	/	/

연간 기록 → 코치 → 해결							
전반기	년 1월	년 2월	년 3월	년 4월	년 5월	년 6월	반기 피드
후반기	년 7월	년 8월	년 9월	년 10월	년 11월	년 12월	반기 피드

71일차. 옷은 날개다. 그 사람의 마음가짐이자 됨됨이이며, 날아 갈 수 있는 도구이다.

72DAY　년 월 일　나는 100일간 :

일일 기록 → 코치 → 해결

스케줄	계 획	실 천	체크리스트 목록	IDEA 일간/월간/연간 배분!
시			0.	
시			1.	
시			2.	
시			3.	
시			4.	
시			5.	
시			6.	
시			7.	
시			8.	
시			9.	
시			10.	
시			11.	
시			12.	
시			13.	

주간 월간 기록 → 코치 → 해결

주간체크	일	월	화	수	목	금	토
	/	/	/	/	/	/	/
	/	/	/	/	/	/	/
	/	/	/	/	/	/	/
	/	/	/	/	/	/	/
	/	/	/	/	/	/	/

연간 기록 → 코치 → 해결

전반기	년 1월	년 2월	년 3월	년 4월	년 5월	년 6월	반기 피드백
후반기	년 7월	년 8월	년 9월	년 10월	년 11월	년 12월	반기 피드백

72일차. 상대의 눈을보고 인사하고 고개를 끄덕이며 경청하면 마음을 사로 잡을 수 있다.

73DAY

년 월 일 나는 100일간 :

일일 기록 → 코치 → 해결				
스케줄	계 획	실 천	체크리스트 목록	IDEA 일간/월간/연간 배분!
시			0.	
시			1.	
시			2.	
시			3.	
시			4.	
시			5.	
시			6.	
시			7.	
시			8.	
시			9.	
시			10.	
시			11.	
시			12.	
시			13.	

주간 월간 기록 → 코치 → 해결							
주간체크	일	월	화	수	목	금	토
	/	/	/	/	/	/	/
	/	/	/	/	/	/	/
	/	/	/	/	/	/	/
	/	/	/	/	/	/	/
	/	/	/	/	/	/	/

연간 기록 → 코치 → 해결							
전반기	년 1월	년 2월	년 3월	년 4월	년 5월	년 6월	반기 피드
후반기	년 7월	년 8월	년 9월	년 10월	년 11월	년 12월	반기 피드

73일차. 나쁜 기운은 없애고 좋은 기운으로 매일 15분간 집중 청소하는 방법을 익힌다.

DAY 년 월 일 나는 100일간 :

일일 기록 → 코치 → 해결

계 획	실 천	체크리스트 목록	IDEA 일간/월간/연간 배분!
		0.	
		1.	
		2.	
		3.	
		4.	
		5.	
		6.	
		7.	
		8.	
		9.	
		10.	
		11.	
		12.	
		13.	

주간 월간 기록 → 코치 → 해결

일	월	화	수	목	금	토
/	/	/	/	/	/	/
/	/	/	/	/	/	/
/	/	/	/	/	/	/
/	/	/	/	/	/	/
/	/	/	/	/	/	/

연간 기록 → 코치 → 해결

년 1월	년 2월	년 3월	년 4월	년 5월	년 6월	반기 피드백
년 7월	년 8월	년 9월	년 10월	년 11월	년 12월	반기 피드백

. 미팅, 보고, 회식, 회의는 팀웍의 지표이자, 교육의 가장 빠른 방법이다.

75DAY

년 월 일 나는 100일간 :

일일 기록 → 코치 → 해결				
스케줄	계 획	실 천	체크리스트 목록	IDEA 일간/월간/연간 배분!
시			0.	
시			1.	
시			2.	
시			3.	
시			4.	
시			5.	
시			6.	
시			7.	
시			8.	
시			9.	
시			10.	
시			11.	
시			12.	
시			13.	

주간 월간 기록 → 코치 → 해결							
주간 체크	일	월	화	수	목	금	토
	/	/	/	/	/	/	/
	/	/	/	/	/	/	/
	/	/	/	/	/	/	/
	/	/	/	/	/	/	/
	/	/	/	/	/	/	/

연간 기록 → 코치 → 해결							
전반기	년 1월	년 2월	년 3월	년 4월	년 5월	년 6월	반기 피
후반기	년 7월	년 8월	년 9월	년 10월	년 11월	년 12월	반기 피

75일차. 내가 할 수 있는 방법으로 자신이나 자신의 상품을 하루 1시간 알려야 한다.

DAY 년 월 일 나는 100일간 :

일일 기록 → 코치 → 해결

계 획	실 천	체크리스트 목록	IDEA 일간/월간/연간 배분!
		0.	
		1.	
		2.	
		3.	
		4.	
		5.	
		6.	
		7.	
		8.	
		9.	
		10.	
		11.	
		12.	
		13.	

주간 월간 기록 → 코치 → 해결

일	월	화	수	목	금	토
/	/	/	/	/	/	/
/	/	/	/	/	/	/
/	/	/	/	/	/	/
/	/	/	/	/	/	/
/	/	/	/	/	/	/

연간 기록 → 코치 → 해결

년 1월	년 2월	년 3월	년 4월	년 5월	년 6월	반기 피드백
년 7월	년 8월	년 9월	년 10월	년 11월	년 12월	반기 피드백

ㅏ. 몰입을 위해서는 잡담. 휴대폰. TV 등 방해 받는 무엇이든 없앤 후 일과 자기계발에 집중한다.

77DAY

년 월 일 나는 100일간 :

일일 기록 → 코치 → 해결

스케줄	계 획	실 천	체크리스트 목록	IDEA 일간/월간/연간 배분!
시			0.	
시			1.	
시			2.	
시			3.	
시			4.	
시			5.	
시			6.	
시			7.	
시			8.	
시			9.	
시			10.	
시			11.	
시			12.	
시			13.	

주간 월간 기록 → 코치 → 해결

주간체크	일	월	화	수	목	금	토
	/	/	/	/	/	/	/
	/	/	/	/	/	/	/
	/	/	/	/	/	/	/
	/	/	/	/	/	/	/
	/	/	/	/	/	/	/

연간 기록 → 코치 → 해결

전반기	년 1월	년 2월	년 3월	년 4월	년 5월	년 6월	반기 피
후반기	년 7월	년 8월	년 9월	년 10월	년 11월	년 12월	반기 피

77일차. 최대매출, 최소지출, 최소시간의 성과원칙으로 공동이익을 위해 매일 기록하는 것이 마감이다.

3DAY 년 월 일 나는 100일간 :

일일 기록 → 코치 → 해결

줄	계 획	실 천	체크리스트 목록	IDEA 일간/월간/연간 배분!
시			0.	
시			1.	
시			2.	
시			3.	
시			4.	
시			5.	
시			6.	
시			7.	
시			8.	
시			9.	
시			10.	
시			11.	
시			12.	
시			13.	

주간 월간 기록 → 코치 → 해결

크	일	월	화	수	목	금	토
	/	/	/	/	/	/	/
	/	/	/	/	/	/	/
	/	/	/	/	/	/	/
	/	/	/	/	/	/	/
	/	/	/	/	/	/	/

연간 기록 → 코치 → 해결

기	년 1월	년 2월	년 3월	년 4월	년 5월	년 6월	반기 피드백
기	년 7월	년 8월	년 9월	년 10월	년 11월	년 12월	반기 피드백

차. 기존의 팀 방식을 원점으로 섞고 2명~5명 단위의 TFT으로 재구성하라.

79DAY

년 월 일 나는 100일간 :

일일 기록 → 코치 → 해결

스케줄	계 획	실 천	체크리스트 목록	IDEA 일간/월간/연간 배분!
시			0.	
시			1.	
시			2.	
시			3.	
시			4.	
시			5.	
시			6.	
시			7.	
시			8.	
시			9.	
시			10.	
시			11.	
시			12.	
시			13.	

주간 월간 기록 → 코치 → 해결

주간체크	일	월	화	수	목	금	토
	/	/	/	/	/	/	/
	/	/	/	/	/	/	/
	/	/	/	/	/	/	/
	/	/	/	/	/	/	/
	/	/	/	/	/	/	/

연간 기록 → 코치 → 해결

전반기	년 1월	년 2월	년 3월	년 4월	년 5월	년 6월	반기 피드
후반기	년 7월	년 8월	년 9월	년 10월	년 11월	년 12월	반기 피드

79일차. 구체적 유형의 고객을 선택하고 BICI 디자인 기준을 하나로 통일하라.

0DAY 년 월 일 나는 100일간 :

일일 기록 → 코치 → 해결

줄	계 획	실 천	체크리스트 목록	IDEA 일간/월간/연간 배분!
시			0.	
시			1.	
시			2.	
시			3.	
시			4.	
시			5.	
시			6.	
시			7.	
시			8.	
시			9.	
시			10.	
시			11.	
시			12.	
시			13.	

주간 월간 기록 → 코치 → 해결

체크	일	월	화	수	목	금	토
	/	/	/	/	/	/	/
	/	/	/	/	/	/	/
	/	/	/	/	/	/	/
	/	/	/	/	/	/	/
	/	/	/	/	/	/	/

연간 기록 → 코치 → 해결

기	년 1월	년 2월	년 3월	년 4월	년 5월	년 6월	반기 피드백
기	년 7월	년 8월	년 9월	년 10월	년 11월	년 12월	반기 피드백

차. 선택된 고객 1명에게 무료로 줄 수 있는 파격적인 1가지를 선정할 것.

계획을 기록하거나, 실천을 기록한다는 것은

나를 돌이켜 본다는 것이다.

그리고 내 스스로를 남에게 보고(報告)한다는 것이다.

보고(報告)란, 내가 하는 모든 일의 내용이나

결과를 말이나 글로 알리는 것을 뜻한다.

즉, 나의 부족함을 스스로 느끼고

나를 코치해 줄 수 있는 누군가에게 알리는 것이다.

그리고 내 스스로 찾아내거나

다른 사람과 함께 해결 할 수 있는 방법을 찾으면 된다.

해결하기 위한 나만의 체크리스트는 별도 목록으로 만들어보자.

분명 새로운 인생이 펼쳐 질 거야.

- 이 상 민 -

1DAY 년 월 일 나는 100일간 :

일일 기록 → 코치 → 해결

ㅐ줄	계 획	실 천	체크리스트 목록	IDEA 일간/월간/연간 배분!
시			0.	
시			1.	
시			2.	
시			3.	
시			4.	
시			5.	
시			6.	
시			7.	
시			8.	
시			9.	
시			10.	
시			11.	
시			12.	
시			13.	

주간 월간 기록 → 코치 → 해결

체 크	일	월	화	수	목	금	토
	/	/	/	/	/	/	/
	/	/	/	/	/	/	/
	/	/	/	/	/	/	/
	/	/	/	/	/	/	/
	/	/	/	/	/	/	/

연간 기록 → 코치 → 해결

기	년 1월	년 2월	년 3월	년 4월	년 5월	년 6월	반기 피드백
기	년 7월	년 8월	년 9월	년 10월	년 11월	년 12월	반기 피드백

ㅣ차. 계약을 위한 플로어를 1가지 플랫폼으로 통일 구축 하는 것이 핵심기술이다.

82DAY

년 월 일 나는 100일간 :

일일 기록 → 코치 → 해결

스케줄	계 획	실 천	체크리스트 목록	IDEA 일간/월간/연간 배분!
시			0.	
시			1.	
시			2.	
시			3.	
시			4.	
시			5.	
시			6.	
시			7.	
시			8.	
시			9.	
시			10.	
시			11.	
시			12.	
시			13.	

주간 월간 기록 → 코치 → 해결

주간체크	일	월	화	수	목	금	토
	/	/	/	/	/	/	/
	/	/	/	/	/	/	/
	/	/	/	/	/	/	/
	/	/	/	/	/	/	/
	/	/	/	/	/	/	/

연간 기록 → 코치 → 해결

전반기	년 1월	년 2월	년 3월	년 4월	년 5월	년 6월	반기 피드
후반기	년 7월	년 8월	년 9월	년 10월	년 11월	년 12월	반기 피드

82일차. 계약 실천을 위한 초기 오픈 체크리스트를 만들어 실천하라.

3DAY 년 월 일 나는 100일간 :

일일 기록 → 코치 → 해결

줄	계 획	실 천	체크리스트 목록	IDEA 일간/월간/연간 배분!
시			0.	
시			1.	
시			2.	
시			3.	
시			4.	
시			5.	
시			6.	
시			7.	
시			8.	
시			9.	
시			10.	
시			11.	
시			12.	
시			13.	

주간 월간 기록 → 코치 → 해결

체크	일	월	화	수	목	금	토
	/	/	/	/	/	/	/
	/	/	/	/	/	/	/
	/	/	/	/	/	/	/
	/	/	/	/	/	/	/
	/	/	/	/	/	/	/

연간 기록 → 코치 → 해결

기	년 1월	년 2월	년 3월	년 4월	년 5월	년 6월	반기 피드백
기	년 7월	년 8월	년 9월	년 10월	년 11월	년 12월	반기 피드백

차. 계약 운영을 위한 QSC운영 / 클레임 해결 체크리스트를 만들어 실천하라.

84DAY

년 월 일 나는 100일간 :

일일 기록 → 코치 → 해결				
스케줄	계 획	실 천	체크리스트 목록	IDEA 일간/월간/연간 배분!
시			0.	
시			1.	
시			2.	
시			3.	
시			4.	
시			5.	
시			6.	
시			7.	
시			8.	
시			9.	
시			10.	
시			11.	
시			12.	
시			13.	

주간 월간 기록 → 코치 → 해결							
주간체크	일	월	화	수	목	금	토
	/	/	/	/	/	/	/
	/	/	/	/	/	/	/
	/	/	/	/	/	/	/
	/	/	/	/	/	/	/
	/	/	/	/	/	/	/

연간 기록 → 코치 → 해결							
전반기	년 1월	년 2월	년 3월	년 4월	년 5월	년 6월	반기 피드
후반기	년 7월	년 8월	년 9월	년 10월	년 11월	년 12월	반기 피드

84일차. 매일 공통된 마감일지를 만들어 기록하고 코치하고 해결하는 과정이 경영이다.

DAY 년 월 일 나는 100일간 :

일일 기록 → 코치 → 해결

줄	계 획	실 천	체크리스트 목록	IDEA 일간/월간/연간 배분!
시			0.	
시			1.	
시			2.	
시			3.	
시			4.	
시			5.	
시			6.	
시			7.	
시			8.	
시			9.	
시			10.	
시			11.	
시			12.	
시			13.	

주간 월간 기록 → 코치 → 해결

크	일	월	화	수	목	금	토
	/	/	/	/	/	/	/
	/	/	/	/	/	/	/
	/	/	/	/	/	/	/
	/	/	/	/	/	/	/
	/	/	/	/	/	/	/

연간 기록 → 코치 → 해결

기	년 1월	년 2월	년 3월	년 4월	년 5월	년 6월	반기 피드백
기	년 7월	년 8월	년 9월	년 10월	년 11월	년 12월	반기 피드백

차. 모든 약속은 내가 생각한 시간보다 2배 여유 있게 잡아라. 그래야 여유가 생긴다.

86DAY

년 월 일 나는 100일간 :

일일 기록 → 코치 → 해결				
스케줄	계 획	실 천	체크리스트 목록	IDEA 일간/월간/연간 배분!
시			0.	
시			1.	
시			2.	
시			3.	
시			4.	
시			5.	
시			6.	
시			7.	
시			8.	
시			9.	
시			10.	
시			11.	
시			12.	
시			13.	

주간 월간 기록 → 코치 → 해결							
주간체크	일	월	화	수	목	금	토
	/	/	/	/	/	/	/
	/	/	/	/	/	/	/
	/	/	/	/	/	/	/
	/	/	/	/	/	/	/
	/	/	/	/	/	/	/

연간 기록 → 코치 → 해결							
전반기	년 1월	년 2월	년 3월	년 4월	년 5월	년 6월	반기 피
후반기	년 7월	년 8월	년 9월	년 10월	년 11월	년 12월	반기 피

86일차. 나만의 실무일지와 체크리스트는 별도로 만들어 관리한다. 그래야 전문성이 쌓인다.

7DAY

년　　월　　일　　나는 100일간 :

일일 기록 → 코치 → 해결

줄	계 획	실 천	체크리스트 목록	IDEA 일간/월간/연간 배분!
시			0.	
시			1.	
시			2.	
시			3.	
시			4.	
시			5.	
시			6.	
시			7.	
시			8.	
시			9.	
시			10.	
시			11.	
시			12.	
시			13.	

주간 월간 기록 → 코치 → 해결

크	일	월	화	수	목	금	토
	/	/	/	/	/	/	/
	/	/	/	/	/	/	/
	/	/	/	/	/	/	/
	/	/	/	/	/	/	/
	/	/	/	/	/	/	/

연간 기록 → 코치 → 해결

기	년 1월	년 2월	년 3월	년 4월	년 5월	년 6월	반기 피드백
기	년 7월	년 8월	년 9월	년 10월	년 11월	년 12월	반기 피드백

차. 돈. 계산서. 상품은 항상 1:1로 같이 움직여야 정산 통계내는데 지장이 없다.

88DAY

년 월 일 나는 100일간 :

일일 기록 → 코치 → 해결

스케줄	계 획	실 천	체크리스트 목록	IDEA 일간/월간/연간 배분!
시			0.	
시			1.	
시			2.	
시			3.	
시			4.	
시			5.	
시			6.	
시			7.	
시			8.	
시			9.	
시			10.	
시			11.	
시			12.	
시			13.	

주간 월간 기록 → 코치 → 해결

주간체크	일	월	화	수	목	금	토
	/	/	/	/	/	/	/
	/	/	/	/	/	/	/
	/	/	/	/	/	/	/
	/	/	/	/	/	/	/
	/	/	/	/	/	/	/

연간 기록 → 코치 → 해결

전반기	년 1월	년 2월	년 3월	년 4월	년 5월	년 6월	반기 피
후반기	년 7월	년 8월	년 9월	년 10월	년 11월	년 12월	반기 피

88일차. 보고란, 내가 하는 모든 일의 내용이나 결과를 말이나 글로 알리는 것을 뜻한다.

DAY 년 월 일 나는 100일간 :

일일 기록 → 코치 → 해결

계 획	실 천	체크리스트 목록	IDEA 일간/월간/연간 배분!
		0.	
		1.	
		2.	
		3.	
		4.	
		5.	
		6.	
		7.	
		8.	
		9.	
		10.	
		11.	
		12.	
		13.	

주간 월간 기록 → 코치 → 해결

일	월	화	수	목	금	토
/	/	/	/	/	/	/
/	/	/	/	/	/	/
/	/	/	/	/	/	/
/	/	/	/	/	/	/
/	/	/	/	/	/	/

연간 기록 → 코치 → 해결

년 1월	년 2월	년 3월	년 4월	년 5월	년 6월	반기 피드백
년 7월	년 8월	년 9월	년 10월	년 11월	년 12월	반기 피드백

+. 매일 같은 식의 매입이 아닌, 품질과 가격의 혁신적인 매입처를 찾기 위해 노력하라.

90DAY

년 월 일 나는 100일간 :

일일 기록 → 코치 → 해결				
스케줄	계 획	실 천	체크리스트 목록	IDEA 일간/월간/연간 배분!
시			0.	
시			1.	
시			2.	
시			3.	
시			4.	
시			5.	
시			6.	
시			7.	
시			8.	
시			9.	
시			10.	
시			11.	
시			12.	
시			13.	

주간 월간 기록 → 코치 → 해결							
주간체크	일	월	화	수	목	금	토
	/	/	/	/	/	/	/
	/	/	/	/	/	/	/
	/	/	/	/	/	/	/
	/	/	/	/	/	/	/
	/	/	/	/	/	/	/

연간 기록 → 코치 → 해결							
전반기	년 1월	년 2월	년 3월	년 4월	년 5월	년 6월	반기 I
후반기	년 7월	년 8월	년 9월	년 10월	년 11월	년 12월	반기 I

90일차. 안정적 거래처라 안주하지 말고 항상 2곳 이상의 복수 거래처를 만들어 긍정적 비교하라.

꿈의 100일 노트를
훈련하고 코치하고 해결을 위해
혼자 힘들어 하지 마,

꿈의 100일 노트의 현명한 코치를 위해
아름다운 선물의 단톡방을 만들었단다.

꿈을 함께 이야기 할 수 있는 공간에서
마음껏 외치고 해결 해 봐.

서로의 코치를 선물할게.
서로의 사랑을 선물할게.
서로의 소통을 선물할게.

나도 모르게 힘이 나고
나도 모르게 자신이 생겨
나도 모르게 달성할 거라 믿어.

- 이 상 민 -

91DAY

년 월 일 나는 100일간 :

일일 기록 → 코치 → 해결

스케줄	계 획	실 천	체크리스트 목록	IDEA 일간/월간/연간 배분!
시			0.	
시			1.	
시			2.	
시			3.	
시			4.	
시			5.	
시			6.	
시			7.	
시			8.	
시			9.	
시			10.	
시			11.	
시			12.	
시			13.	

주간 월간 기록 → 코치 → 해결

주간체크	일	월	화	수	목	금	토
	/	/	/	/	/	/	/
	/	/	/	/	/	/	/
	/	/	/	/	/	/	/
	/	/	/	/	/	/	/
	/	/	/	/	/	/	/

연간 기록 → 코치 → 해결

전반기	년 1월	년 2월	년 3월	년 4월	년 5월	년 6월	반기 I
후반기	년 7월	년 8월	년 9월	년 10월	년 11월	년 12월	반기 I

91일차. 아무리 꼼꼼한 사람도 실수 할 수 있다. 늘 2명 이상이 중복 체크할 수 있도록 하라.

2DAY

년 월 일 나는 100일간 :

일일 기록 → 코치 → 해결

줄	계 획	실 천	체크리스트 목록	IDEA 일간/월간/연간 배분!
시			0.	
시			1.	
시			2.	
시			3.	
시			4.	
시			5.	
시			6.	
시			7.	
시			8.	
시			9.	
시			10.	
시			11.	
시			12.	
시			13.	

주간 월간 기록 → 코치 → 해결

크	일	월	화	수	목	금	토
	/	/	/	/	/	/	/
	/	/	/	/	/	/	/
	/	/	/	/	/	/	/
	/	/	/	/	/	/	/
	/	/	/	/	/	/	/

연간 기록 → 코치 → 해결

기	년 1월	년 2월	년 3월	년 4월	년 5월	년 6월	반기 피드백
기	년 7월	년 8월	년 9월	년 10월	년 11월	년 12월	반기 피드백

차. 나만의 중요한 시간을 보호하고, 나만의 중요한 통장을 보호하라.

93DAY

년 월 일 나는 100일간 :

일일 기록 → 코치 → 해결				
스케줄	계 획	실 천	체크리스트 목록	IDEA 일간/월간/연간 배분!
시			0.	
시			1.	
시			2.	
시			3.	
시			4.	
시			5.	
시			6.	
시			7.	
시			8.	
시			9.	
시			10.	
시			11.	
시			12.	
시			13.	

주간 월간 기록 → 코치 → 해결							
주간체크	일	월	화	수	목	금	토
	/	/	/	/	/	/	/
	/	/	/	/	/	/	/
	/	/	/	/	/	/	/
	/	/	/	/	/	/	/
	/	/	/	/	/	/	/

연간 기록 → 코치 → 해결							
전반기	년 1월	년 2월	년 3월	년 4월	년 5월	년 6월	반기 피드
후반기	년 7월	년 8월	년 9월	년 10월	년 11월	년 12월	반기 피드

93일차. 매일/매주/매월/분기/반기의 반복적 교육과 인재양성이 스스로를 더욱 변화시킨다.

4DAY

년 월 일 나는 100일간 :

일일 기록 → 코치 → 해결

줄	계 획	실 천	체크리스트 목록	IDEA 일간/월간/연간 배분!
시			0.	
시			1.	
시			2.	
시			3.	
시			4.	
시			5.	
시			6.	
시			7.	
시			8.	
시			9.	
시			10.	
시			11.	
시			12.	
시			13.	

주간 월간 기록 → 코치 → 해결

크	일	월	화	수	목	금	토
	/	/	/	/	/	/	/
	/	/	/	/	/	/	/
	/	/	/	/	/	/	/
	/	/	/	/	/	/	/
	/	/	/	/	/	/	/

연간 기록 → 코치 → 해결

기	년 1월	년 2월	년 3월	년 4월	년 5월	년 6월	반기 피드백
기	년 7월	년 8월	년 9월	년 10월	년 11월	년 12월	반기 피드백

차. 모든 것을 자동화 하기엔 시간이 필요하다. 하지만 작은 SW부터 자동화 할 수 있어야 경쟁력이 생긴다.

95DAY

년 월 일 나는 100일간 :

일일 기록 → 코치 → 해결

스케줄	계 획	실 천	체크리스트 목록	IDEA 일간/월간/연간 배분!
시			0.	
시			1.	
시			2.	
시			3.	
시			4.	
시			5.	
시			6.	
시			7.	
시			8.	
시			9.	
시			10.	
시			11.	
시			12.	
시			13.	

주간 월간 기록 → 코치 → 해결

주간 체크	일	월	화	수	목	금	토
	/	/	/	/	/	/	/
	/	/	/	/	/	/	/
	/	/	/	/	/	/	/
	/	/	/	/	/	/	/
	/	/	/	/	/	/	/

연간 기록 → 코치 → 해결

전반기	년 1월	년 2월	년 3월	년 4월	년 5월	년 6월	반기 피드
후반기	년 7월	년 8월	년 9월	년 10월	년 11월	년 12월	반기 피드

95일차. 리더가 솔선수범 하지 않으면 그 누구도 움직이지 않는다.

6DAY

년 월 일 나는 100일간 :

일일 기록 → 코치 → 해결

케줄	계 획	실 천	체크리스트 목록	IDEA 일간/월간/연간 배분!
시			0.	
시			1.	
시			2.	
시			3.	
시			4.	
시			5.	
시			6.	
시			7.	
시			8.	
시			9.	
시			10.	
시			11.	
시			12.	
시			13.	

주간 월간 기록 → 코치 → 해결

체크	일	월	화	수	목	금	토
	/	/	/	/	/	/	/
	/	/	/	/	/	/	/
	/	/	/	/	/	/	/
	/	/	/	/	/	/	/
	/	/	/	/	/	/	/

연간 기록 → 코치 → 해결

반기	년 1월	년 2월	년 3월	년 4월	년 5월	년 6월	반기 피드백
반기	년 7월	년 8월	년 9월	년 10월	년 11월	년 12월	반기 피드백

일차. 인재는 A,B,C발굴하고 BC의 인재도 훈련과 평가로 A급 인재로 변화시키는게 리더이다.

97DAY

년 월 일 나는 100일간 :

일일 기록 → 코치 → 해결				
스케줄	계 획	실 천	체크리스트 목록	IDEA 일간/월간/연간 배분!
시			0.	
시			1.	
시			2.	
시			3.	
시			4.	
시			5.	
시			6.	
시			7.	
시			8.	
시			9.	
시			10.	
시			11.	
시			12.	
시			13.	

주간 월간 기록 → 코치 → 해결							
주간체크	일	월	화	수	목	금	토
	/	/	/	/	/	/	/
	/	/	/	/	/	/	/
	/	/	/	/	/	/	/
	/	/	/	/	/	/	/
	/	/	/	/	/	/	/

연간 기록 → 코치 → 해결							
전반기	년 1월	년 2월	년 3월	년 4월	년 5월	년 6월	반기 피드백
후반기	년 7월	년 8월	년 9월	년 10월	년 11월	년 12월	반기 피드백

97일차. 하나의 플랫폼으로 고객과 직원이 연결되어야 폭발적으로 성장할 수 있다.

3DAY

년 월 일 나는 100일간 :

일일 기록 → 코치 → 해결

줄	계 획	실 천	체크리스트 목록	IDEA 일간/월간/연간 배분!
시			0.	
시			1.	
시			2.	
시			3.	
시			4.	
시			5.	
시			6.	
시			7.	
시			8.	
시			9.	
시			10.	
시			11.	
시			12.	
시			13.	

주간 월간 기록 → 코치 → 해결

체 크	일	월	화	수	목	금	토
	/	/	/	/	/	/	/
	/	/	/	/	/	/	/
	/	/	/	/	/	/	/
	/	/	/	/	/	/	/
	/	/	/	/	/	/	/

연간 기록 → 코치 → 해결

기	년 1월	년 2월	년 3월	년 4월	년 5월	년 6월	반기 피드백
기	년 7월	년 8월	년 9월	년 10월	년 11월	년 12월	반기 피드백

일차. 최소 10%의 이윤이 남지 않으면 물가상승등 많은 사회적 변수로 인해 경영이 어려워진다.

99DAY

년 월 일 나는 100일간 :

일일 기록 → 코치 → 해결

스케줄	계 획	실 천	체크리스트 목록	IDEA 일간/월간/연간 배분!
시			0.	
시			1.	
시			2.	
시			3.	
시			4.	
시			5.	
시			6.	
시			7.	
시			8.	
시			9.	
시			10.	
시			11.	
시			12.	
시			13.	

주간 월간 기록 → 코치 → 해결

주간체크	일	월	화	수	목	금	토
	/	/	/	/	/	/	/
	/	/	/	/	/	/	/
	/	/	/	/	/	/	/
	/	/	/	/	/	/	/
	/	/	/	/	/	/	/

연간 기록 → 코치 → 해결

전반기	년 1월	년 2월	년 3월	년 4월	년 5월	년 6월	반기 피드
후반기	년 7월	년 8월	년 9월	년 10월	년 11월	년 12월	반기 피드

99일차. 최소 10년의 노력을 하지 않고 성공했다고 하는 사람은 인정하지 말아라. 최소10년이다.

0DAY

년 월 일 나는 100일간 :

일일 기록 → 코치 → 해결

계 획	실 천	체크리스트 목록	IDEA 일간/월간/연간 배분!
		0.	
		1.	
		2.	
		3.	
		4.	
		5.	
		6.	
		7.	
		8.	
		9.	
		10.	
		11.	
		12.	
		13.	

주간 월간 기록 → 코치 → 해결

일	월	화	수	목	금	토
/	/	/	/	/	/	/
/	/	/	/	/	/	/
/	/	/	/	/	/	/
/	/	/	/	/	/	/
/	/	/	/	/	/	/

연간 기록 → 코치 → 해결

년 1월	년 2월	년 3월	년 4월	년 5월	년 6월	반기 피드백
년 7월	년 8월	년 9월	년 10월	년 11월	년 12월	반기 피드백

차. 꿈은 무한하게 상상하되, 현실은 100일씩 나누고 쪼개어 실천하고 피드백하라. 그래야 더 나은 내일이 기다린다.

100일의 꿈은 어느정도 달성 했니?

100%? 80%?

실망하거나 자책하지마.

이만큼 실천한 것만 봐도

넌 충분히 가능성이 있으니까.

우리의 100일은 전체 82년 인생 중 0.3%이며,

이번 100일의 열정만큼

남은 99.7%도 100일 단위로 나누어

최선을 다할 거라 믿어.

지금부터 다시 시작하면 돼.

또 다른 100일을 목표로 말야

- 이 상 민 -